1

Dello stesso autore:

- **Marketing Spirituale**. Come superare i limiti del marketing strategico con un mix di comunicazione, meditazione, etica e magia.

- **Lentamente**. Pensieri Eretici di Marketing fra Minimalismo, Esoterismo, Scienza e Magia.

- **Silenzio**. Memorie e pensieri vari di un'anima in evoluzione. Infinito conflitto interiore fra materiale e spirituale.

Fabio Porrino

Blog

Come inventarsi un lavoro da zero, o quasi, sfruttando Internet e i blog.

www.fabioporrino.it

Cover Graphic Design: Cecilia Porrino
https://ceciliaporrino.design/
Illustrazioni: Designed by Freepik / GraphicBurger

Prima Edizione Marzo 2021

ISBN: 9798723333000

Indice

6

A mia moglie Sara,
ai miei figli Antonio e Sofia…

Prefazione

Stavo rileggendo le prime bozze dei capitoli, scritte nel 2013, che avrebbero dovuto formare quello che allora pensavo dovesse essere questo libro. Non ero sicuro se utilizzare o meno quel materiale, in oltre sette anni molte cose sono cambiate su internet e riguardo ai blog. Avrei dovuto tenere quelle idee e, al limite, aggiornarle oppure sarebbe stato più facile ricominciare da zero?

Non tutti i cambiamenti avvenuti in questi anni hanno però, a mio avviso, portato cose buone in questo settore, per certi versi qualcosa è andato storto e se oggi dovessi scegliere una sola parola per descrivere Internet sarebbe "*frenesia*" piuttosto che "*innovazione*".

La cosa più triste è che una buona parte dei siti e dei blog che allora consideravo autorevoli sembra che siano diventati contenitori di notizie inutili, gossip e vuote. Un vero e proprio spreco di bit che, nonostante costino meno della carta e dell'inchiostro, hanno comunque un minimo impatto energetico e ambientale negativo.

Cosa è per me un blog, ieri come oggi, è difficile da spiegare in poche parole. Cercherò di farlo in questo libro con calma e con un atteggiamento un pizzico provocatorio. Come è mio solito. Chi ha letto i miei precedenti libri sa quanto mi piace viaggiare al confine fra ciò che tutti considerano inconfutabile, universalmente assodato, e ciò che rompe gli schemi di questo "*status quo*" con idee nuove, bizzarre e al limite eretiche. In questo libro non mi spingerò comunque tanto oltre come ho fatto con "*Marketing Spirituale*" o, ancora più marcatamente, in "*Lentamente*", rimarrò nei limiti di quanto è socialmente accettabile e accettato.

Senza indugiare troppo sulle definizioni tecniche, che vedremo comunque più avanti nel libro, cercherò adesso di illustrare cos'è per me un blog e come può essere considerato ancora uno degli strumenti più importanti per chi ha intenzione di **utilizzare Internet per lavoro e/ o per fare impresa**.

Considero ancora il blog lo strumento più semplice e pertinente per comunicare da uno a molti e viceversa. Basta aprirne uno, in pochi minuti, per essere pronti a condividere i propri pensieri, idee, opinioni e renderli fruibili al mondo intero.

Credo inoltre che sia uno dei modi più semplici di fare e condividere una forma di **arte**, la scrittura infatti è uno dei mezzi più carismatici per esprimersi artisticamente. Ma può essere associato a tutte le forme artistiche che riesco a immaginare, quelle "*visive*" (immagini, foto, video), quelle "*uditive*" (musica, podcast) e quelle "*cinestesiche*"[1] (danza, scultura, architettura, artigianato).

---

1   Termine utilizzato in PNL per indicare ciò che è relativo ai sensi più tangibili, come il tatto, il gusto e l'olfatto; è riferito anche a sensazioni e movimento.

Credo che questo **aspetto artistico dei blog**, questa vocazione, questa flessibilità, sono caratteristiche molto importanti da prendere in considerazione per gettare le fondamenta di un nuovo progetto. Una nuova idea di quello che può diventare oggi e in futuro il blog stesso.

Come può evolversi quindi il blog in questa era di "frenesia"?

La mia idea di blog si è evoluta rispetto al passato, per avere successo, e per successo intendo riuscire a interessare un discreto numero di seguaci, che può variare, a seconda dell'argomento scelto, da poche centinaia a qualche migliaio di lettori quotidiani, è necessario offrire *contenuti originali e di valore*, ma queste due parole hanno perso ormai ogni significato in quanto sono le più "abusate" dagli "esperti" (autoproclamati o meno) del web.

Cosa sono questi "*contenuti originali e di qualità*"? Come se avesse senso ancora produrre qualcosa di bassa qualità o semplicemente copiare da qualcun altro.

Quello che immagino come "contenuto di qualità" è una produzione di articoli, post, immagini, video, podcast che sono in grado di veicolare, di trasmettere, emozioni oltre che mere informazioni.

Tutti sono capaci di trasmettere informazioni.

Queste non sono più sufficienti in quanto tali. Siamo sommersi dalle informazioni, in gran parte da cattive informazioni. Abbiamo bisogno di emozioni.

La mia idea di blog oggi si è spostata verso argomenti che fanno "*sognare*": idee, viaggi, spiritualità, scrittura creativa... insomma qualcosa di artistico e culturale, qualcosa che possa emozionare. Non il tipico "*scopiazzare news di tecnologia dai blog americani*" per buttarle lì articoli in serie in un italiano precario e senza un reale filo conduttore; indiscutibilmente qualcuno che fa ciò è necessario, ma internet è già pieno di blog del genere. Sono infatti proprio i settori in cui prosperano blog del genere in cui è più difficile emergere, proprio perché la quantità sono tutti in grado di produrla... ma la qualità?

Mah... ormai la soglia di attenzione dei potenziali lettori è talmente bassa che ci si deve per forza di cose dedicare a una nicchia più "evoluta", assolutamente non nel senso di "intellettualmente evoluta"[2] piuttosto nel senso di

---

2   E con ciò intendo quello che Nassim Nicholas Taleb intende con il concetto di IYI (Intellectual Yet Idiot, Intellettuale Idiota) e che ha descritto nel capitolo del suo libro "Rischiare Grosso" (Il

"*culturalmente e spiritualmente evoluta*", e c'è un abisso di significato fra i due concetti.

Se dovessi aprire un blog oggi parlerei di spiritualità e filosofia, e in un certo senso lo sto facendo sul mio sito www.fabioporrino.it, dove ho trovato il giusto compromesso per scrivere di questi argomenti collegandoli alla mia sfera professionale. Con l'intento magari di raccogliere contenuti degni di essere raccolti in un buon libro da auto-pubblicarsi.

Qual è il momento migliore per aprire un blog?

Parafrasando il detto di Confucio:

> "*Il momento migliore per aprire un blog era vent'anni fa. Il secondo momento migliore è adesso*".

Basta iniziare a fare qualcosa subito, ricordandosi e accettando che è difficile, se non impossibile, essere i primi oggi in una qualsiasi nicchia; è quindi giunto il momento di smettere di pensare e iniziare ad agire: mettere nero su bianco, sviluppare idee, costruire una rete e definire un pubblico, sviluppare le competenze

---

Saggiatore, 2018) che ho tradotto in un articolo sul mio sito e che potete trovare qui: https://www.fabioporrino.it/lintellettuale-ma-idiota-libera-traduzione-de-the-intellectual-yet-idiot-iyi-di-nassim-nicholas-taleb/

necessarie e soprattutto superare le paure di non essere all'altezza.

Internet

Oggi internet è dispersione.
Oggi internet è interruzione.
Oggi internet è frammentazione.

È frammentazione dell'attenzione, ormai ridotta ai minimi termini. Una buona parte di utenti non riesce più a seguire contenuti di sette o dieci minuti (video, podcast o articoli), e c'è tutta una fascia di più giovani che grazie a TikTok reggono meno di un minuto.

E io che mi sento un alieno che leggo venti libri all'anno, che seguo podcast lunghi ore di argomenti sconosciuti al grande pubblico... e come potrebbe essere altrimenti?

Se i media mainstream parlano solo di cose futili e ogni tipo di discussione "culturale" viene domata sul nascere, e i programmi più seguiti sono il grande fratello e quello con gli amici dei tronisti, come possiamo pensare di rivolgerci a quello stesso pubblico?

Sembra esserci una volontà di ridurre la soglia di attenzione, questo "attacco" è iniziato dalle scuole. Prima internet era un luogo frequentato da pochi. Oggi è invaso da una massa inconsapevole, spesso anche i bambini sono lasciati da soli allo sbaraglio, e c'è già "scappato il morto".

Sono nati, in tempi relativamente veloci, canali che con una facilità estrema ingannano i più piccoli, suggestionandoli e ipnotizzandoli fino a renderli perfetti consumatori di prodotti di pessima qualità. Lo scopo è quello di spremerli economicamente e psicologicamente.

Tutto ciò deve finire. È necessario agire per rendere Internet un posto migliore per i nostri bambini, e possiamo essere parte attiva in questo.

Internet non è più il luogo che io ho conosciuto da "pioniere" in un mondo dove era percepito come qualcosa di "strano", qualcosa di "astratto", qualcosa di "estraneo".

Vorrei far conoscere quel mondo pieno di opportunità ai miei figli.

Opportunità non distrazioni.

Spero che questo libro possa essere utile per loro e per tanti giovani come loro...

Questo libro lo dedico a loro, ad Antonio e Sofia, e a tutti i bambini, che poi diventeranno i giovani e gli adulti del futuro, che sapranno come trarre beneficio dalle informazioni in esso contenuto per creare qualcosa di bello...

Introduzione

Trovare la propria strada nel mondo attuale è sempre più difficile, l'economia è in crisi, i governi sono in crisi, gli investimenti sono fermi ed il futuro è incerto, soprattutto quando si tratta del lavoro, che manca, per i giovani dai 18 ai 35 anni.

Il cosiddetto *"lavoro precario"* infatti sta ammazzando lentamente la società; i giovani di talento, laureati o semplicemente diplomati, non riescono a trovare un impiego stabile e abbastanza gratificante così, sempre più spesso, i più temerari emigrano mentre gli altri, sopraffatti e rassegnati, restano e si abituano a pensare che questa situazione sia la normalità e che non ci sia più niente da fare per migliorare il proprio status lavorativo... rinunciando perfino a cercare un lavoro, allontanando di fatto sempre più l'idea di trovare la stabilità, economica e psicologica, per crearsi una famiglia.

Alcuni governi, quelli che pensano più degli altri al futuro della propria nazione, hanno giustamente investito in settori che, seppur non direttamente collegati al problema occupazione, avrebbero comunque potuto aiutare la crescita, offrendo almeno una possibilità ai giovani di talento (con delle idee, spirito di iniziativa e perseveranza) di crearsi un lavoro, provare a inventarsi una professione nuova o semplicemente rafforzare il proprio know-how per avere più opportunità in questa precaria situazione economica globale.

Il settore, la tecnologia, che potenzialmente offre più mezzi ai "talenti" è sicuramente Internet, non a caso l'ONU ha dichiarato che l'accesso ad **Internet** in banda larga è un diritto inalienabile e fondamentale di ogni individuo.

Ma perché dobbiamo considerare internet come il più prezioso dei tesori? La rete è un'opportunità in più che viene data ad ognuno di noi, chi non ha la possibilità di accedere ad internet ha più difficoltà di ingresso nel mondo del lavoro e ha meno "chances" di avere successo nel lancio di una nuova attività (offline od online che sia), di migliorare le proprie competenze professionali e di diventare imprenditore di se stesso.

Chi non conosce profondamente Internet (e per conoscenza non intendo saper utilizzare ed essere costantemente collegati su Facebook) non può capire le vere possibilità che ci sono offerte da questo strumento, non può capire quanto importanti siano le opportunità che la rete nasconde in ogni suo collegamento. Purtroppo spesso sono i "media tradizionali" (quelli che devono "controllare" le masse) a gettare fango sul **World Wide Web** (WWW) facendolo apparire agli occhi degli ignoranti (coloro che ignorano) come un girone infernale dove ad ogni angolo sono pronte a spuntare bestie affamate e pericolose, desiderose solo di macchiarsi dei più squallidi crimini e peccati.

Mi dispiace deludere chi la pensa così (semmai ce ne fosse qualcuno "in ascolto") ma in realtà Internet non è né più né meno pericoloso di fare una passeggiata al parco o in giro per le strade del proprio quartiere. Spesso "l'orco" è proprio l'insospettabile vicino. I pericoli, sia ben chiaro, ci sono sia nella vita di tutti i giorni sia online, quello che è importante è conoscerli per evitarli e combatterli. La chiave di tutto questo è quindi, anche online, la conoscenza.

Le intenzioni di questo libro sono precise quanto limpide. Mi sono infatti proposto di raccogliere in queste pagine tutte le conoscenze che ho accumulato in oltre un decennio di esperienza, dall'inizio, quando ho aperto il mio primo sito amatoriale, ad oggi, che vivo esclusivamente grazie ai proventi delle mie attività online e del mio lavoro di consulente di Marketing.

Sono intenzionato a spiegare quali sono le opportunità e le ricchezze che Internet ci offre, illustrando come sfruttarle a proprio vantaggio qualunque sia il settore professionale o commerciale di interesse, in modo da migliorare la propria posizione lavorativa, guadagnare qualche soldo o addirittura crearsi una professione, un lavoro vero e stabile, da svolgere tramite internet, volendo, fra le mura domestiche.

Prima Parte: Cenni Storici

Capitolo 1. La Storia di Internet

Dagli albori alla fine degli anni '90.

Negli ultimi anni Internet è passata dall'essere uno strumento utilizzato da una parte piuttosto limitata della popolazione all'essere uno strumento di massa, arrivando a competere, come numeri, con i vecchi mezzi di comunicazione di massa. Non è difficile trovare oggi programmi TV, giornali e riviste che sfruttano la rete (i social network in particolare) per migliorare e/o aumentare l'offerta di intrattenimento al proprio pubblico. Ormai è facilissimo collegarsi al web, tutti i cellulari (oggi incredibilmente evoluti, chiamati smartphone proprio perché sono praticamente dei piccoli computer) sono accompagnati da offerte o abbonamenti dati. Solo qualche anno fa però non era così, ripercorriamo quindi, velocemente, la storia di Internet.

La rete nasce, negli anni '60, durante la guerra fredda, come progetto militare, ma il suo sviluppo continua nei decenni seguenti ('70-'80) nella comunità scientifico-accademica. La nascita del World Wide Web risale al 1991 ma nei primi anni resta appannaggio delle realtà universitarie, soprattutto delle facoltà scientifiche e tecniche. Solo verso la fine del secolo (millennio) scorso Internet inizia a diffondersi fra la "gente comune" anche se poi i primi veri "fruitori" del servizio rimangono quei pochi "*nerd*[3]" sparsi in giro per il mondo.

Forse erano qualche milione in tutto (decine o centinaia di migliaia in Italia) i primi internauti che hanno iniziato a popolare un universo molto diverso da come lo conosciamo adesso. La quasi totalità di siti internet infatti era fatta praticamente solo di testo, poche e di scarsa qualità le immagini. Questo per necessità più che per scelta infatti, allora, le connessioni erano estremamente lente. I modem infatti si collegavano direttamente alla rete telefonica e per connettersi componevano effettivamente un numero effettuando una chiamata (chi si ricorda il rumore della fase di connessione?), rendendo di fatto la linea occupata. 16, 28 e 56 erano le velocità (in kilobit per secondo, kbps) dei modem, infinitamente inferiori a quelle a cui siamo abituati oggi, infatti la linea base di Telecom Italia attualmente è 20 Mega, pari a circa 20000 kbps, che è stata quasi completamente sostituita dalla "fibra" che può viaggiare a oltre 100 Mega. Senza citare le tecnologie mobile, 4G e la discussa 5G.

---

3 Nerd è un termine della lingua inglese con cui viene definito chi ha una certa predisposizione per la ricerca intellettuale, ed è al contempo tendenzialmente solitario e con una più o meno ridotta propensione alla socializzazione. (Fonte Wikipedia – https://it.wikipedia.org/wiki/Nerd – URL visitato il 3/12/2020)

Quei primi coraggiosi "pionieri" si incontravano per lo più in chat primitive (IRC[4]). Il loro svago era essenzialmente discutere del più e del meno, ma gli argomenti più gettonati erano, naturalmente, la tecnologia e la fantascienza. Non mancava chi si immergeva in lunghe sessioni di gioco di ruolo testuale (una chat e tanta fantasia).

Con l'arrivo di Google e con le nuove connessioni via via più veloci (ISDN, ADSL, HDSL), nei primi anni 2000, la rete inizia gradualmente a popolarsi, inoltre i siti diventano più belli graficamente e interattivi. Nascono i primi e-commerce e per la prima volta inizia ad avere senso "fare pubblicità online". Con l'arrivo dei soldi, naturalmente, arrivano le opportunità per tutti ma, come nel "far west", i primi arrivati hanno occupato i posti migliori. Non tutto è rimasto uguale però, l'evoluzione del web ha cambiato molte cose negli anni e chi non si è saputo adattare si è estinto.

---

4   Internet Relay Chat (IRC) è la prima forma di comunicazione istantanea (chat) su Internet. Consente sia la comunicazione diretta fra due utenti che il dialogo contemporaneo di interi gruppi di persone in stanze di discussione chiamate canali. (Fonte Wikipedia – https://it.wikipedia.org/wiki/Internet_Relay_Chat – URL visitato il 3/12/2020)

Internet oggi.

Anche se non ce ne accorgiamo oggi la rete è in un periodo di cambiamento, siamo passati dal Web 2.0 (blog, forum, interazione, social network) al Web 3.0 (sempre più social, applicazioni, mobile). Si stima ormai che siano oltre quattro miliardi e mezzo (dati 2019) le persone che si collegano regolarmente online, quasi il 60% dell'umanità, nei prossimi anni tale cifra è sicuramente destinata ad aumentare anche a causa di ciò che è successo nel 2020; oltre un miliardo e seicento milioni sono gli account registrati su Facebook e più di 300 milioni gli utenti Twitter.

La comunicazione di massa ormai è in tempo reale e non è più solo in mano ai potenti (anche se stanno cercando in tutti i modi di imbavagliare la rete, non ci sono riusciti ancora perché si è rivelata essere un'operazione più difficile del previsto), le informazioni volano da un capo all'altro del mondo come mai è successo prima e portano con sé notizie di guerra e di pace, eventi sportivi e disastri naturali, messaggi d'amore, immagini, video e pensieri.

Con questi numeri, e con la velocità di interazione da punti opposti del globo, è facile intuire quanto la concorrenza online (in qualsiasi settore, soprattutto in lingua inglese) sia spietata ma le opportunità che ancora offre la rete sono di gran lunga superiori a quelle che offre il mondo "reale". Per emergere quindi c'è bisogno di talento, tanto lavoro, passione, dedizione, perseveranza, competenza e naturalmente di un pizzico di fortuna.

Il successo online attualmente può arrivare, magari con il lancio di un'attività, non necessariamente attraverso un sito internet o un negozio elettronico (anche se è sempre consigliabile avere un blog), oggi si può fare tutto tramite i social network, ogni piattaforma sociale è principalmente indicata per un particolare obiettivo, nessuno vieta però di essere presenti su tutti i principali network (Facebook, YouTube, Twitter, Pinterest sono quelli che vedremo meglio più avanti nel libro).

Capitolo 2. Da sito a blog a Social Network

Da sito web a web log (blog).

In origine, l'elemento base di Internet, era il sito web, un'entità statica, pesante e difficile da mantenere al passo con i tempi. Molti fra i siti presenti online erano istituzionali, quelli amatoriali erano molto semplici ma allo stesso tempo necessitavano di parecchio lavoro per essere aggiornati. Chi infatti si accingeva ad aprire un sito web doveva prima di tutto immaginare e progettare, nel minimo dettaglio, la struttura con le varie pagine, sottopagine e categorie, solo successivamente poteva passare alla creazione dei contenuti. Valutazioni sbagliate nella prima fase di progettazione potevano comportare grossi problemi nelle fasi successive. È anche per questo che apportare modifiche in corso d'opera ad un sito web era molto dispendioso in termini di tempo e lavoro, così inevitabilmente parecchi siti amatoriali furono abbandonati, molti non superarono mai la fase "sito in costruzione".

In quel periodo infatti le pagine venivano create singolarmente ed erano scritte semplicemente in HTML, i software più utilizzati allora erano Frontpage (che faceva parte del pacchetto Office di Microsoft) e Dreamweaver (sviluppato da Adobe, tutt'oggi utilizzato come editor HTML). Proprio a causa dell'alta *"mortalità infantile"* dei siti web qualcuno[5] (Dave Winer sviluppò nel 1997 il primo software di proto-blog, Jorn Barger pubblicò nel dicembre dello stesso anno il primo intervento sul suo "diario di caccia" online) pensò di iniziare a gestire il proprio sito web come se fosse un diario virtuale online, nacque così il blog, abbreviazione (proposta da Peter Merholz nel 1999 sul suo spazio peterme.com) di web-log che letteralmente significa "diario sul web", "diario online".

All'inizio i blog erano usati semplicemente come diari personali online ma evolsero in poco tempo diventando "tematici", si specializzarono cioè in un determinato argomento e non furono più semplici, e a volte noiosi, contenitori delle cronache di vita dell'autore, spesso un/una teenager americano/a.

Questo tipo di pubblicazioni digitali, che in Italia non possono considerarsi un prodotto editoriale ai sensi della legge n. 62 del 7.03.2001[6], iniziarono a piacere ai motori di ricerca perché ricche di contenuti aggiornati regolarmente, anche tutti i giorni. Ben presto i blog

---

5   Nelle parentesi successive sono citati alcuni fra quelli che hanno lanciato, inconsapevolmente, la nuova "era" dei blog, non è intenzione del libro approfondire fatti e curiosità storiche, il lettore può farlo direttamente online.

6   https://www.skyvape.it/vape/index.php/i-blog-secondo-la-corte-di-cassazione – URL visitato il 10/12/2020

conquistarono i primi posti nelle pagine dei risultati delle ricerche in tutto il mondo, anche grazie alla sempre maggiore quantità e qualità dei post (singoli interventi o articoli). In questo modo i siti web, già in crisi, iniziarono a scomparire e sono tuttora utilizzati, in pratica, solo come pagine ufficiali di istituzioni e/o aziende.

I blog, nel frattempo, col sempre maggior successo riscosso, in termini di traffico, iniziarono ad essere l'obiettivo preferito degli investimenti pubblicitari online, così un po' alla volta nacque una nuova professione: "il blogger" (protoforma di quello che poi sarebbe diventato "l'influencer"). Inizialmente non erano molti quelli che riuscivano a vivere soltanto dei ricavi del proprio blog; con lo sviluppo della rete però le cose cambiarono in fretta, i blogger più famosi e influenti riuscirono a raggiungere redditi anche di centinaia di migliaia di dollari l'anno, alcuni blog poi si trasformarono in vere e proprie testate giornalistiche online, con redazioni piene di talentuosi blogger.

In Italia, sempre in ritardo in questo campo, il panorama è decisamente più povero, anche se sono ormai migliaia i blogger che vivono esclusivamente degli introiti del proprio spazio online. Purtroppo da noi hanno preso piede i "network di blog", gestiti spesso da agenzie di comunicazione, il cui scopo è sempre stato, ed è principalmente, il guadagno facile, raggiunto grazie alla pubblicazione di numerosissimi articoli quotidiani di scarsa qualità scritti da eserciti di articolisti (spesso ragazzini, con poca dimestichezza con la lingua italiana) pagati anche meno di 1€ al pezzo.

Questo influisce notevolmente sulla qualità, infima, del panorama Internet italiano. Per capire la gravità della situazione, e rendersi conto del livello medio degli articoli pubblicati, basta "fare un giro", più o meno approfondito, sui blog di tecnologia (e non solo) più popolari, che purtroppo sono i più trafficati, in maggior parte da giovanissimi. Di conseguenza però, la penuria di qualità premia i pochi blog che offrono un servizio di livello culturale superiore, e non sono poche le nicchie occupate da realtà interessanti e discretamente seguite.

Da blog a Social Network.

La recentissima storia di Internet sottolinea un'ulteriore evoluzione, negli ultimi anni i social network sono cresciuti in maniera spropositata, oltre le più rosee aspettative degli stessi operatori di mercato, questo ha decretato da una parte la fine dei blog personali (non ha più senso raccontare la propria vita su un blog se è possibile condividerla direttamente con gli amici su Facebook) e dall'altra una ulteriore crescita dei blog tematici, che spesso hanno saputo sfruttare al massimo il traffico proveniente da queste numerose e frequentatissime comunità online.

Oggi infatti, grazie a Facebook e Twitter, è possibile radunare decine, centinaia di migliaia o anche milioni di seguaci (amici, follower). È chiaro che, in questo modo, anche un teenager intraprendente ha la possibilità di guadagnare una visibilità spropositata. Questi bacini di utenza, inoltre, garantiscono una solida e continua base di traffico per siti e blog. Quindi sono proprio queste masse di utenti che si muovono caoticamente su Internet che interessano a chi investe in pubblicità online.

Seconda Parte: Aspetti Tecnici

Capitolo 3. Cos'è tecnicamente un blog?

Abbiamo chiarito il concetto astratto di blog, fissato cronologicamente la sua genesi lungo la recente storia del web e percepito quanto sia potenzialmente grande l'economia che gira intorno alla pubblicità online. Possiamo quindi adesso indirizzare il nostro discorso verso aspetti più tecnici, analizzando inoltre le motivazioni, per di più personali, che stanno dietro alla nascita di ogni singolo progetto.

Tecnicamente un blog è un sito internet dove è possibile inserire degli aggiornamenti (contenenti testo, immagini, audio e/o video) detti "post" o articoli, che vengono pubblicati e mostrati ai lettori in ordine cronologico inverso, cioè dal più recente al più vecchio. Ogni post è generalmente slegato (logicamente e cronologicamente) dagli altri, anche se, in linea di massima, un blog tende a specializzarsi in uno o pochi argomenti strettamente correlati.

Non è raro però incontrare, in un blog, serie di articoli collegati da un unico filo logico, narrativo e/o addirittura interi blog che fanno del continuum temporale fra i vari post la loro caratteristica principale, un po' come un *feuilleton* o, più volgarmente, una serie tv. Questa caratteristica è comunque poco diffusa fra i blog più di moda o in quelli tecnici, dedicati ad un argomento ben definito, è molto più ricorrente invece nei blog personali e/o artistici.

Aprire un blog in realtà non è difficile (lo vedremo dettagliatamente in seguito), non servono particolari conoscenze informatiche, quello che però è indispensabile è l'intuito, la volontà e tanta voglia di imparare. Mentirei se dicessi, come fanno molti online, che non servono particolari abilità. Una conoscenza di base, per esempio, del codice HTML, dei diversi formati di file immagine, la praticità con un software di foto-ritocco e non solo, sono tutte competenze utili che semplificano la vita di un blogger nello svolgimento delle proprie attività quotidiane.

I servizi ed i software che permettono di creare un blog in pochi passi e di renderlo immediatamente raggiungibile online da chiunque sono numerosi, sono in linea di massima gratuiti ma per dare un'immagine un po' più autorevole all'insieme è essenziale registrare un dominio (magari, per tutelare il nome, in tutte le principali estensioni disponibili: it, com, net, org, ...) e dotarsi di un sostegno tecnico (hosting, server) adeguato agli obiettivi preposti. Questo non è indispensabile almeno in un primo momento, poi dipende dagli intenti, dal successo ottenuto e naturalmente dall'eventuale resa economica del progetto stesso. In ogni caso un dominio personalizzato è sicuramente necessario se si intende dare all'esterno un'immagine di prestigio, dimostrando di essere esperti e qualificati.

Rimossi i pregiudizi sulle difficoltà tecniche dell'opera dobbiamo comunque porre attenzione su quella che sarà la parte più difficile dell'intero progetto: farsi leggere, conquistando la fiducia di un pubblico più o meno stabile. Cosa non sempre scontata soprattutto se non si è capaci di produrre quotidianamente contenuti interessanti, originali e di qualità.

Capitolo 4. Perché aprire un blog?

In questo capitolo analizzeremo insieme quali sono le due principali motivazioni che portano una persona ad aprire un blog: la *passione* e il *profitto*. Potrebbe sembrare un aspetto superfluo ma è meglio chiarirlo prima di iniziare, quantomeno per non ritrovarsi dopo qualche mese con tanto lavoro fatto e poca voglia per portarlo avanti.

Passione.

La più semplice e spontanea forza che ci spinge a fare qualsiasi cosa è la passione; se ci piace facciamo meglio una determinata cosa, qualsiasi essa sia. La passione, in questo caso, può essere di due tipi: la pura passione per la scrittura (più in generale per la creazione di contenuti), quindi la voglia incontrollabile di scrivere (creare) qualcosa, qualsiasi essa sia, e la passione per un argomento, quindi la voglia di divulgare uno o più temi ben conosciuti ma soprattutto di nostro interesse.

Profitto.

La voglia di guadagnare può essere un'arma a doppio taglio in quanto è giusto aspirare ad un profitto (visto non solo dal lato economico ma anche come crescita personale e professionale) quando si intraprende un'attività di qualsiasi genere ma è sbagliato, almeno per quanto mi riguarda, mirare subito ed incondizionatamente al fattore economico, senza fondare solide basi produttive. Su internet infatti, come nel mondo reale, il profitto facile è spesso sinonimo di attività poco limpide e/o al limite del legale (truffatori e finti profeti sono sempre dietro l'angolo).

Seppure infatti non sia fuorilegge vendere corsi e manuali che promettono guadagni facili e immediati è quantomeno immorale, soprattutto quando l'intento è approfittare di una persona spinta dal bisogno e/o da intenzioni genuine. Ed è proprio per questo che vi consiglio di diffidare di questo tipo di "opportunità" in modo particolare quando provano a vendere "inarrivabili segreti" per raggiungere il guadagno facile.

Non è sbagliato, intendiamoci, valutare tutte le possibilità ma è giusto capire, prima di intraprendere qualsiasi attività, da dove potrebbe aver origine la ricchezza promessa/desiderata. A tal proposito vi propongo un brano tratto dal mio primo "proto-libro" (Succo di Kiwi) e adattato partendo da un articolo pubblicato sul mio primo esperimento di blog kiwispie.blogspot.com:

"La produzione di ricchezza è alla base di tutto, l'esempio che vorrei farvi è del contadino, che

disponendo di risorse base quali la terra e il suo lavoro, riesce a creare (dal nulla o quasi), un prodotto e quindi una ricchezza, mettendolo a disposizione della comunità che si arricchisce del suo lavoro.

Perché ho scelto proprio il contadino? Semplice! Perché ho tenuto conto della scala di necessità dell'uomo, il cibo è la prima necessità per la sopravvivenza! Ecco perché! Senza dilungarmi vi voglio portare al punto... consideriamo internet come terra fertile e noi come contadini, le risorse sono infinite bisogna solo coglierle, avere idee e puntare su prodotti e/o servizi che abbiano una posizione abbastanza alta nella scala delle necessità umane.

In determinati momenti storici per la sopravvivenza un pezzo di pane vale molto più di un gioiello! Guadagnare online, o meglio, ottenere una rendita automatica è l'obbiettivo che ognuno di noi vorrebbe raggiungere, badate bene però, internet è pieno di cose effimere, i guadagni facili non esistono neanche qui! Infatti ho visto tonnellate di false promesse e di pubblicità spazzatura; promesse di guadagno facile giocando nei casinò, leggendo e-mail, rispondendo a questionari e cliccando su banner pubblicitari, le ho provate tutte (o quasi).

Non è questo quello di cui voglio parlare. Questo libro vuole solo essere un manuale per capire come, tornando al contadino ed alla produzione di beni primari, produrre ricchezza (magari già avete prodotto, qualcosa di vostro) o quanto meno capire come usare la ricchezza prodotta da altri, aggiungendo a questa un valore che potrebbe essere la nostra conoscenza di internet e del marketing online! Insomma io mi limito, per il momento, a produrre parole e a pubblicizzare prodotti, che a mio avviso vale la pena conoscere".

Vorrei concludere quindi dicendo che la vera ricchezza non è quella nata dalla speculazione, perché dalla speculazione c'è ricchezza solo a causa dell'impoverimento di qualcun altro, come poi ha d'altronde dimostrato la crisi economico-finanziaria iniziata nel 2008 (ma vale per tutte le crisi economiche del secolo scorso e prima) e che ancora attanaglia tutti i paesi del mondo, ripercuotendosi praticamente sempre e solo sulle fasce di popolazione più deboli.

Il giusto equilibrio.

Prima di iniziare è necessario quindi valutare i pro e i contro di un progetto e capire fino a che punto siete disposti a spingervi perché, appurato che l'elemento "passione" sia fondamentale per la riuscita dell'impresa, dovrete inevitabilmente informarvi e studiare quotidianamente l'argomento che intendete trattare (anche, e forse soprattutto, in altre lingue e non solo online).

Perché è solo con l'impegno quotidiano, e sarei un mascalzone se non ve lo dicessi così apertamente, che si possono raggiungere traguardi di un certo livello. Ed è quindi giusto che sappiate che se avete intenzione di guadagnare e sostenervi esclusivamente scrivendo un paio di articoli alla settimana, o dedicando solo qualche ora al blog, è meglio che lasciate perdere. Non fraintendetemi, non vi sto consigliando di abbandonare un progetto se avete poco tempo da dedicargli, io stesso ho dei blog secondari che curo anche meno che settimanalmente, ma di certo non mi aspetto da loro un ritorno economico importante, lo faccio esclusivamente per passione, poi tutto quel che ne deriva è gradito.

Non voglio neanche affermare che a queste condizioni sia impossibile raggiungere un profitto apprezzabile, in questo caso però la qualità dovrà essere ineluttabilmente alta e l'argomento trattato di notevole interesse e poco sviluppato online. In altri termini si dovrà puntare ad una nicchia abbastanza grande da poter interessare un numero di persone tale da giustificare un investimento pubblicitario ma non troppo da essere già pienamente occupata da siti e blog curati, interessanti ed influenti.

Scegliere l'argomento del blog.

Nel precedente paragrafo abbiamo quindi anticipato quella che è forse la più importante domanda da porsi prima di iniziare: come scegliere l'argomento del blog?

Questa è una fase che da sola può influenzare, in maniera drastica, l'esito del progetto. Attenendoci a quanto già detto prima l'ideale sarebbe trovare un argomento la cui nicchia sia interessante, poco conosciuta e non sviluppata da altri blog, abbastanza seguita da giustificare un investimento pubblicitario e sufficientemente ricca da poter garantire cospicui guadagni.

Non bisogna dimenticare il fattore "tempo", che può essere fondamentale quanto e più degli altri, aprire un blog alla fine degli anni novanta avrebbe potuto garantirne il successo a prescindere dall'argomento trattato. Oggi invece è molto più difficile perché, soprattutto nei settori di maggior interesse ed economicamente più "affini" al commercio elettronico, come la tecnologia, lo sport o il cinema, la rete è invasa da decine di migliaia fra blog e pseudo-blog (e mi riferisco solo al panorama italiano).

Questo complica moltissimo la vita dei nuovi progetti che incontrano difficoltà enormi per emergere dalla massa. In questi casi l'unica cosa da fare è puntare sia alla qualità che alla quantità perché si dovrà tenere testa ai grossi network di blog che pubblicano anche decine di nuovi articoli ogni giorno. "Scoprire" quindi un argomento prima che questo venga alla ribalta garantirebbe una spinta in più verso il successo. Azzardo qualche esempio: fotovoltaico ed energie rinnovabili 10-15 anni fa; enogastronomia 8-10 anni fa, ma è tuttora un settore interessante; fotografia digitale professionale ed artistica.

Non credo sia produttivo attualmente fossilizzarsi sempre sugli stessi argomenti, bisogna esplorare il web per capire dove è possibile posizionarsi, anche all'interno di una nicchia enorme già "colonizzata". Per esempio, non avrebbe alcun senso aprire l'ennesimo blog di ricette, copiando e riproponendo semplicemente quelle presenti da anni su internet, senza averle effettivamente preparate con le proprie mani. Potrebbe al contrario essere interessante progettare un blog impostandolo sulla pubblicazione di tutto quello che ci si "inventa" quotidianamente ai fornelli, completando ogni articolo/ricetta con un tocco personale e rifinendolo con le foto e/o il video della preparazione. Sarà così un po' come avere un proprio ristorante (o programma televisivo) dove poter proporre ogni giorno un piatto diverso ai clienti, offrendo un po' d'arte, un po' di se stessi, ai lettori, invogliandoli così a tornare.

Non c'è manco la necessità immediata di essere padroni ed esperti riconosciuti di un determinato argomento, se vi tormenta l'idea di aprire un blog di enogastronomia ma non siete né chef, né sommelier vi basterà iniziare e apprendere le nozioni lungo il cammino aumentando nel tempo sia la qualità degli articoli sia le vostre conoscenze, con la possibilità di arrivare col tempo ad essere considerati dei veri e propri esperti del settore. Ed è capitato a blogger esperti dei più svariati argomenti. Questo approccio potete usarlo anche se siete appassionati, per esempio, di birre artigianali, prodotti tipici locali, dolci, liquori e/o specialità di ogni genere.

Interessante è anche l'idea di un "Diario di Viaggio" online, spesso si è scoraggiati dal fatto che si viaggia (o si è viaggiato) poco ma anche in questo caso bisogna saper adattarsi, infatti non mancano su internet notizie su New York, Londra, Roma o Parigi ma forse sono insufficienti le informazioni su località meno conosciute (magari a pochi chilometri di distanza da casa vostra), che potrebbero comunque interessare un certo numero di navigatori. Inoltre, soprattutto in Italia, nessuno è lontano da luoghi di interesse storico, artistico e culturale, iniziate quindi camminando per il vostro paesino/città, portatevi dietro la fotocamera (anche se oggi potrebbe bastare uno smartphone con una reflex l'effetto è di tutt'altro livello) ed iniziate a scrivere. Passate poi al paese/quartiere confinante al vostro e così via... poi un paio di volte l'anno un viaggetto capita.

Con questi esempi ho provato a dimostrare quanto sia ampio lo spettro delle possibilità che internet (il mondo) ci offre. Anche nei settori più competitivi e affollati è possibile, per assurdo, trovare una nicchia trattata poco e/o male da poter "adottare". Tutto quello che dovete fare è quindi affidarvi al vostro istinto e alle vostre passioni che vi condurranno inevitabilmente nel posto giusto. Che abbiate quindi uno spirito artistico o tecnico troverete sicuramente un argomento da trattare online che non sia già troppo inflazionato.

Capitolo 5. Come aprire un blog

Operativamente non è difficile aprire un blog e iniziare a scrivere, ci sono infatti decine di servizi, di base gratuiti, che permettono in pochi click di creare un proprio spazio raggiungibile da chiunque. Basta infatti iscriversi ad uno di questi (qualcuno lo vedremo successivamente) lasciando la propria mail e qualche dato personale; scegliere il nome, il titolo e possibilmente uno slogan; scrivere il primo post e si è subito online.

Prima di proseguire però c'è la necessità di fare un po' chiarezza, c'è bisogno infatti di dividere, almeno concettualmente, i servizi di blogging dai software di gestione (CMS[7]). I primi mettono a disposizione, gratuitamente o a pagamento, uno spazio web e un database consentendo il corretto funzionamento appunto di un CMS (proprietario o distribuito liberamente), quest'ultimo invece è un software che può essere utilizzato per la gestione dei contenuti di uno spazio web

---

7   Un content management system è uno strumento software, installato su un server web, il cui compito è facilitare la gestione dei contenuti di siti web, svincolando l'amministratore da conoscenze tecniche di programmazione Web. (Fonte Wikipedia – https://it.wikipedia.org/wiki/Content_management_system   – URL visitato il 03/12/2020)

e che può essere installato su di un qualsiasi server web[8] che soddisfi i requisiti tecnici minimi del CMS stesso.

WordPress.

Il CMS per eccellenza è senza dubbio WordPress, un software di gestione per siti web e blog distribuito sotto licenza gratuita GNU General Public License e sviluppato da un'attiva e competente community di volontari. WordPress stesso è offerto nelle due forme descritte sopra, quindi come CMS (gratuito, a sé stante, ed utilizzabile per qualsiasi progetto su qualsiasi server, scaricabile da wordpress.org) e come servizio (gratuito con la possibilità di acquistare funzionalità aggiuntive a pagamento, fruibile su wordpress.com) che consente di creare il proprio blog in pochi e semplici passi ma che, attenzione, vieta l'inserimento di pubblicità e quindi nega di fatto ogni possibilità di guadagno, anzi ne inserisce di proprie per sostenere i costi degli spazi offerti gratuitamente; sebbene però offra ai blog con più visite, con i contenuti migliori e a quelli che hanno piani a pagamento di aderire ad un programma pubblicitario esclusivo (chiamato WordAds) per monetizzare il traffico del proprio spazio web.

---

8   Un server web è un computer collegato ad internet su cui risiede un determinato sito o applicazione web. Il server può essere casalingo o fornito da un servizio di hosting professionale che lo mette a disposizione dei clienti come entità singola (server dedicato) o frazionata (hosting, server condiviso).

WordPress non è l'unico CMS disponibile gratuitamente online ma è di gran lunga il più utilizzato e il più apprezzato. Sono praticamente milioni i blog "powered by WordPress" dai siti professionali con centinaia di migliaia di visitatori al giorno a quelli amatoriali e semi-sconosciuti. Non tratteremo in questo libro di altri CMS ma ad onor di cronaca è giusto quantomeno citarne alcuni specificando per cosa essi siano stati concepiti. Esistono quindi CMS progettati per creare e gestire un forum (phpBB, SMF, vBulletin), per la gestione di un portale internet (Joomla, Drupal), per la creazione di un e-commerce (Prestashop, Zen Cart, Os Commerce, Magento), di una wiki (MediaWiki, phpWiki) o anche di una mailing list (PHPlist), ma non solo.

Altri servizi: Blogger e Tumblr.

Anche se WordPress è diffusamente considerata la scelta migliore in fatto di blog non è di certo l'unica possibile. Sono numerosi i servizi disponibili online ma su questo libro parleremo solo di due di questi: Blogger e Tumblr.

Blogger (o Blogspot) è la piattaforma di blogging proprietaria di Google, forse dopo WordPress è la più diffusa grazie alla sua semplicità e accessibilità. Non solo... è opinione comune (ma non lo diciamo troppo ad alta voce) che Google indicizzi meglio e prima i suoi contenuti, e di conseguenza i suoi blog, essendo questi ospitati proprio sui server del gigante di Internet. D'altro canto Google non lo ammetterà mai (nonostante le grane legali con l'antitrust USA ed EU) ma mettiamola così... fra due pagine, a parità di tutti gli altri parametri, è possibile che l'algoritmo dia precedenza a quella su Blogger? Dopotutto è una strategia che qualsiasi azienda adotterebbe.

Ma il successo di Blogger non è solo questo. L'interfaccia del servizio è molto intuitiva, adatta anche agli utenti meno esperti, è semplicissimo scrivere gli articoli, modificare i temi grafici e la struttura del blog. Inoltre trattandosi di server ultra-affidabili, quelli di Google sono i migliori del mondo, non ci si dovrà preoccupare di sovraccarichi e prestazioni. Si potranno così concentrare tutte le energie alla produzione di contenuti.

Tumblr è una piattaforma di microblogging che ha saputo sintetizzare in modo ineccepibile ed in un unico servizio il blog ed il social network. Per prima ha anche saputo sfruttare il fenomeno dei tumblelog (o tlog), *una variante dei blog, che favorisce una forma abbreviata arricchita da multimedialità, rispetto a quelli che sono i lunghi editoriali frequentemente associati ai blog*[9].

---

9   Definizione presente su Wikipedia nel marzo 2013, oggi leggermente modificata. https://it.wikipedia.org/wiki/Tumblr

Anche Tumblr mette a disposizione gratuitamente sia lo spazio web che il software per la gestione dei contenuti ed è per, sua natura, orientato ad una visione artistica e multimediale della condivisione online.

Capitolo 6. Hosting gratuito o professionale?

Come abbiamo anticipato nell'ultimo capitolo un blog ha bisogno sostanzialmente di due componenti per funzionare: lo spazio fisico (un computer) e il software (CMS). Avendo già visto nel capitolo 5 i più popolari CMS disponibili (approfondiremo più avanti qualcuno di questi) passiamo ora a descrivere come tutto funziona "dietro le quinte".

Ogni sito web è fisicamente alloggiato su uno o più computer collegati a loro volta alla rete. Navigare su internet non è altro che collegarsi a questi computer e scaricare i dati necessari affinché la pagina di nostro interesse sia visualizzata sul browser. I server sono sparsi in giro per il mondo e sono gestiti dai vari servizi di hosting, il più importante in Italia è sicuramente aruba.it.

Mantenere e gestire una o più server farm (letteralmente fattoria/allevamento di server) è parecchio costoso (pensate all'energia per tenere funzionanti 24 ore su 24 tanti computer, all'acquisto e alla manutenzione stessa delle macchine, al raffreddamento, al personale, alle strutture) ma nonostante ciò c'è qualcuno che riesce ad offrire un decente servizio di hosting in maniera del tutto gratuita.

Hosting gratuito.

Nel precedente capitolo abbiamo visto che Blogger, Tumblr e WordPress.com riescono ad offrire lo spazio ed il software necessari per aprire e gestire un blog in maniera totalmente gratuita e con standard qualitativi straordinariamente elevati. Dietro questi servizi però ci sono aziende come Google o realtà che riescono a sostenere i costi di gestione grazie soprattutto alla pubblicità.

In ognuno di questi casi però l'utente non entra mai in contatto con quello che c'è dietro, può tranquillamente pensare solo a scrivere il proprio blog senza doversi preoccupare dello spazio, della banda e di altre noiose faccende tecniche, decisamente un vantaggio per i più pigri ed i meno esperti, ma chi ama approfondire e imparare il funzionamento delle cose si sentirà ingabbiato.

Una valida alternativa gratuita a questi servizi è altervista.org, "la più grande piattaforma italiana di hosting gratuito", che permette a tutti di aprire un sito mettendo a disposizione non un software in particolare ma dello spazio utilizzabile liberamente per l'installazione di qualsiasi CMS compatibile.

La piattaforma consente di gestire gli applicativi in modo automatico, così i meno esperti potranno in pochi click avere un blog in WordPress (un portale Joomla, Drupal o un forum) proprio come gli altri servizi visti sopra, ma allo stesso tempo permette agli utenti più esperti di gestire direttamente i propri database MySQL e il proprio spazio via FTP.

Inoltre Altervista ospita un programma pubblicitario interno che permette ai webmaster di guadagnare esponendo banner e annunci sul proprio spazio. Non è possibile inserire pubblicità di terze parti ma ai blog con più traffico sono offerte delle condizioni abbastanza vantaggiose. Questa potrebbe essere la soluzione ideale per chi cerca uno spazio gratuito per il proprio blog ma desidera anche una certa libertà di agire, cosa molto limitata su Blogger, WordPress.com e Tumblr.

Hosting a pagamento e professionale.

Per un progetto più ambizioso è indispensabile abbandonare l'idea di potersi basare esclusivamente su uno o più servizi gratuiti e iniziare a valutare la possibilità di passare a un servizio di hosting o, se le condizioni lo richiedono, a un server dedicato. L'ideale in ogni caso, se si ha un progetto chiaro già in partenza, sarebbe comunque quello di partire già con un hosting a pagamento.

Per chiarezza e comodità possiamo suddividere i servizi di hosting in tre categorie: hosting base, hosting professionale e/o server virtuale, server dedicato.

Il servizio base, di solito con caratteristiche simili a prescindere dal fornitore, è composto da un po' di spazio (anche se lo sponsorizzano come illimitato in realtà non lo è) su una macchina condivisa (dove sono presenti già centinaia se non migliaia di altri siti), un po' di traffico/banda (la quantità di dati che gli utenti scaricano dal server quando visitano il sito), uno o più database, qualche indirizzo email e la gestione di un nome a dominio. Il prezzo di questa soluzione varia di solito fra i 20 e i 70 euro all'anno.

Un hosting professionale o server virtuale è ancora un'entità non definita, in quanto, come per i servizi base, è fisicamente parte di un server condiviso. Offre tutti i servizi descritti sopra ma consente solitamente di gestire più o infiniti nomi a dominio (e quindi email) con limiti di spazio e traffico più alti o infiniti. È possibile trovare un buon hosting professionale a partire da una decina di euro al mese.

Noleggiare un server dedicato equivale ad avere una intera macchina a disposizione. Sono disponibili sia soluzioni "managed" che non gestite, la prima opzione è naturalmente più costosa ma gestire un server dedicato implica profonde conoscenze sistemistiche e di programmazione. A differenza delle soluzioni precedenti in questo caso niente è "illimitato" perché formalmente l'azienda di hosting mette a disposizione un computer con caratteristiche tecniche ben definite, anche se spesso aggiornabili, questo è anche il motivo per cui la dicitura "spazio illimitato" è falsa nelle due categorie precedenti, un hard disk per quanto possa essere capiente non sarà mai infinito. Il costo di un server dedicato varia di molto a seconda delle caratteristiche della macchina stessa, un soluzione intermedia (capace di reggere un traffico anche oltre i 100.000 visitatori unici giornalieri) potrebbe richiedere un investimento di centinaia di euro al mese.

Come scegliere.

È opportuno, ma forse superfluo, premettere che prima di noleggiare un server dedicato sia tassativo effettuare le dovute valutazioni pratiche ed economiche. Nella stragrande maggioranza dei casi è consigliabile partire con un hosting e poi, se necessario, passare ad una soluzione più performante. In questo paragrafo quindi valuteremo solo i due tipi di hosting su server "condivisi" descritti prima.

Prima di tutto occorre valutare i requisiti minimi del/dei software che si intendono utilizzare, che per quanto riguarda WordPress sono disponibili sul sito ufficiale, in questo libro in particolare parleremo solo di software PHP che necessitano quindi di un hosting linux. Molto spesso nella pagina di vendita, o in quella delle caratteristiche, del servizio di hosting sono specificati i CMS compatibili con quel particolare "pacchetto".

Per quanto riguarda le caratteristiche tecniche assicuratevi che vi mettano a disposizione almeno 5 GB di spazio e 100 GB/mese di banda altrimenti potreste ritrovarvi sia senza lo spazio per archiviare nuovi articoli e immagini sia, ed è peggio, senza più traffico per permettere ai visitatori di "scaricare" le pagine del vostro sito.

La scelta fra hosting base e hosting professionale dipende sostanzialmente da un solo fattore: quanti siti avete intenzione di aprire? Se la risposta è meno di 3 conviene scegliere il piano base, se pensate di aprirne di più è meglio optare per una soluzione migliore, in questo modo ne trarranno vantaggio soprattutto le prestazioni di ogni singolo sito. Per il resto, come abbiamo visto, le caratteristiche sono abbastanza simili.

Non occorrono particolari capacità tecniche per procedere autonomamente all'apertura di un blog su un hosting a pagamento, dopo aver effettuato l'ordine occorre attendere l'attivazione del servizio che arriva solitamente entro le 24 ore, poi è bene familiarizzare col pannello di controllo. Fortunatamente la quasi totalità dei servizi di hosting disponibili, italiani e non, offre applicativi per l'installazione automatica dei più famosi CMS, ma qualora questo "aiutino" non dovesse essere disponibile è facilissimo trovare online guide per l'installazione di qualsiasi software tramite FTP (vedremo in particolare come installare WordPress nel prossimo capitolo/articolo), spesso sono presenti istruzioni dettagliate nelle FAQ stesse del servizio di hosting, al limite è possibile scrivere al servizio assistenza clienti per chiedere chiarimenti.

Capitolo 7. Breve guida a WordPress

WordPress è il CMS per blog più diffuso al mondo. Oltre a essere il più affidabile è anche il più semplice da gestire. La sua community di sviluppatori lavora attivamente per mantenere la piattaforma al passo rilasciando diversi aggiornamenti ogni anno. L'intento di questo capitolo non è certo quello di fornire una guida completa a WordPress, per la quale probabilmente non basterebbe un intero volume, ma quello di fornire ai lettori i concetti base per un approccio immediato con lo strumento.

Come installare WordPress.

Se l'hosting che avete scelto non fornisce un applicativo di installazione automatica dei CMS dovete procedere manualmente all'installazione di WordPress. La procedura non è difficile anche se occorre un po' di attenzione onde evitare errori grossolani. In ogni caso non abbiate paura perché anche in caso di errori potrete ripetere la procedura dall'inizio (essendo una nuova installazione non rischiate di perdere dati o altro).

Per prima cosa scaricate WordPress in italiano dal sito ufficiale[10], servendovi di un software come FileZilla[11] scompattate l'archivio sul vostro spazio FTP, nella "root" se volete che il vostro blog sia raggiungibile all'indirizzo *www.miosito.ext* o in una sottocartella, per esempio */blog/*, se volete sia raggiungibile all'indirizzo *www.miosito.ext/blog/*.

Il passo successivo è quello di creare un nuovo database (dovreste riuscire facilmente dal pannello di amministrazione del vostro spazio web) facendo attenzione ai dati di accesso allo stesso: *nome database, username* e *password*.

Cercate il file *wp-config-sample.php*, apritelo con un word editor per modificarlo (blocco note su windows e text edit su mac vanno benissimo) e trovate le seguenti righe:

> */** Il nome del database di WordPress */*
> *define('DB_NAME', 'database_name_here');*
> */** Nome utente del database MySQL */*
> *define('DB_USER', 'username_here');*
> */** Password del database MySQL */*
> *define('DB_PASSWORD', 'password_here');*

---

10 https://it.wordpress.org/
11 https://filezilla-project.org/

Sostituite *'database_name_here'*, *'username_here'*, *'password_here'* con i dettagli ottenuti al momento della creazione del database, lasciate gli "apici" inalterati. Potrebbe essere necessario modificare una quarta riga (sostituendo la parola "*localhost*"), che, **ATTENZIONE** però, di solito va lasciata inalterata. Troverete sicuramente le informazioni necessarie sul sito del vostro servizio di hosting, in caso di dubbi contattate l'assistenza:

```
/** Hostname MySQL */
define('DB_HOST', 'localhost');
```

Fatte le modifiche salvate e rinominate il file in *wp-config.php* lasciandolo nella cartella di installazione di WordPress.

Adesso potete passare all'ultimo passo dell'installazione, una semplice procedura guidata. Aprite nel browser il file *wp-admin/install.php* (il cui percorso preciso è *www.miosito.ext/wp-admin/install.php* se avete installato WordPress nella root, in caso contrario è *www.miosito.ext/blog/wp-admin/install.php*) e seguite le istruzioni.

Dopo un paio di schermate vi verranno forniti il nome utente e la password (trascriveteli e conservateli al sicuro) per accedere al pannello di controllo di WordPress (raggiungibile nel nostro caso all'indirizzo www.miosito.ext/wp-login.php o www.miosito.ext/blog/wp-login.php). La procedura è finita, adesso siete pronti per iniziare a bloggare!

Tradurre WordPress in italiano.

Se non avete scaricato il pacchetto di installazione di WordPress dal sito italiano, o se per qualunque altro motivo vi ritrovate con una versione in un'altra lingua del CMS, potete procedere alla traduzione in italiano con un'altra semplicissa procedura.

Scaricate i file di localizzazione[12] WordPress in italiano (file di lingua) e scompattateli, come avete fatto precedentemente per l'intero pacchetto, nella cartella */wp-content/languages/*. Aprite ancora una volta il file *wp-config.php*, cercate la riga

define('WPLANG', ' ');

e modificatela in

---

12 https://www.wpitaly.it/wordpress-in-italiano/

```
define('WPLANG', 'it_IT');
```

dovreste ritrovarvi adesso con WordPress in italiano!

Funzioni base.

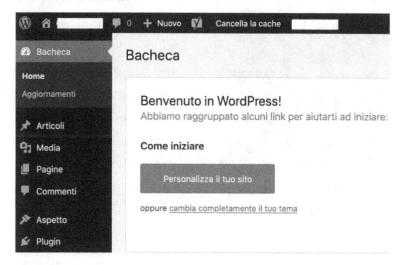

Adesso che avete l'ultima versione di WordPress installata sul vostro spazio web potete iniziare a familiarizzare col pannello di controllo amministratore. L'interfaccia è molto intuitiva, avete a disposizione un menu sulla sinistra e una barra di navigazione in alto.

Tutte le funzioni possono essere raggiunte velocemente tramite il menu principale ed i sotto-menu, vediamo quelle fondamentali.

La Bacheca offre un riepilogo della situazione del blog, da qui è possibile avere sotto controllo i parametri principali come il numero di articoli, i commenti approvati, quelli in coda di moderazione e quelli in spam. Dal sotto-menu è possibile accedere alla scheda Aggiornamenti, dove vengono segnalate le eventuali nuove versioni del CMS, dei temi e dei plugin. *Akismet* è un utilissimo plugin[13] presente nel pacchetto base di WordPress che protegge egregiamente il blog dai commenti di spam.

Tramite il sottomenu Articoli è possibile gestire i contenuti del blog, da qui è possibile accedere all'archivio articoli pubblicati, iniziare a scrivere un nuovo articolo e gestire le *categorie*[14] ed i *tag*[15]. La composizione dei post è semplificata grazie all'intuitivo word editor interno.

---

13 Un plugin è un piccolo applicativo software che, installato su un CMS principale, interagisce con esso ampliandone le funzioni.

14 Le categorie sono lo strumento principale per strutturare gerarchicamente gli argomenti trattati in un blog. È consigliato crearsi una struttura o una mappa concettuale di come si vuole strutturare il progetto.

15 I tag possono essere parole o frasi chiavi con le quali contrassegnare un post in modo da favorirne l'indicizzazione.

Tramite la scheda Media è possibile gestire l'archivio dei contenuti multimediali (foto, video, audio), la scheda Link permette di creare e gestire un *blogroll*[16], in quella Commenti è possibile approvare, modificare e moderare appunto i commenti. L'ultima ma forse più importante voce del primo blocco di menu è Pagine, da qui è possibile gestire, come per gli articoli, le pagine statiche, utili per organizzare il menu del blog con informazioni quali contatti, chi sono, libri, servizi, newsletter (vedi immagine a pagina 75).

Il secondo blocco del menu principale del pannello di controllo di WordPress consente la gestione degli aspetti tecnici del blog. In questo libro parleremo più approfonditamente solo di temi e plugin (nel prossimo paragrafo) in quanto non c'è spazio per trattare approfonditamente tutto il resto.

Dalla scheda Utenti è possibile gestire gli iscritti al blog che siano essi redattori, autori, collaboratori o semplicemente sottoscrittori; di solito in un blog personale non ci si

---

16 Il blogroll è un elenco/raccolta di link ad altri siti/blog ritenuti interessanti dall'autore.

preoccupa di questo perché di fatto esiste un solo utente: l'amministratore.

La scheda Strumenti è utile per le funzioni di importazione, esportazione e backup; quella Impostazioni consente di accedere alle preferenze della piattaforma e dei singoli plugin. È consigliabile controllare tutte le sotto-schede per personalizzare alcuni aspetti pratici come data e ora, numero di post da visualizzare in homepage, lunghezza articoli nel feed rss, opzioni commenti e così via.

Particolare attenzione va posta alle impostazioni dei permalink che influenzano direttamente la struttura degli indirizzi (URL) delle pagine del blog. Come impostazione predefinita questi appariranno come *http://www.miosito.ext/?p=123* (dove 123 è l'id del post), questa struttura non è ben vista dai motori di ricerca e caotica per i visitatori, così è meglio personalizzare la struttura con questa stringa */%post_id%/%postname%/*.

In questo modo l'URL verrà trasformata in *http://www.miosito.ext/id-post/titolo-articolo/* (o *http://www.miosito.ext/blog/id-post/titolo-articolo/*) che indubbiamente è più "user friendly" (immediato per l'utente) e piace molto di più ai motori di ricerca.

Temi e plugin.

L'estrema praticità e la versatilità di WordPress sono dovute principalmente a due funzioni che permettono di personalizzare il blog in modo semplice e immediato, senza la necessità di particolari conoscenze di programmazione e/o design: i temi (o template) ed i plugin.

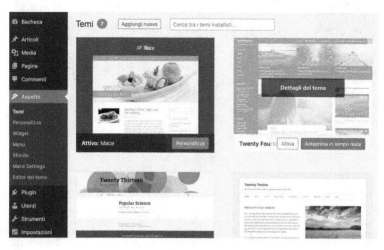

Cambiare tema su WordPress.

I temi di WordPress sono un po' come vestiti che possono essere utilizzati per modificare l'aspetto esteriore del blog. È possibile cercare e installare un nuovo tema direttamente dal pannello di amministrazione WordPress ("Aspetto > Temi" scheda "Installa Temi") specificando, oltre a una parola o frase chiave, colore, struttura e diverse altre funzionalità. Sono moltissimi anche i temi disponibili su internet nei vari blog amatoriali dedicati all'argomento, la loro installazione è semplicissima, basta infatti scaricare il file .zip del tema e caricarlo sul server o tramite il pannello ("Aspetto > Temi" scheda "Aggiungi nuovo" > "Carica tema") o direttamente tramite FTP scompattando l'archivio nella cartella */wp-content/themes/*.

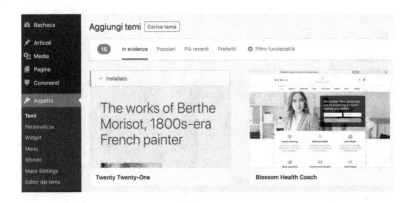

A questo punto dovreste vedere il nuovo tema nel pannello alla voce "Aspetto > Temi", insieme a tutti gli altri. Per attivarlo è sufficiente cliccare su "Attiva" subito sotto l'anteprima del tema stesso. Per i temi più semplici il lavoro è fatto, come quando compriamo una t-shirt in un negozio sportivo che è pronta per essere indossata. I template più complessi necessitano invece di un lavoro di "messa a punto", in modo da adattare le funzioni avanzate al blog ed alle esigenze del webmaster, un po' come quando portiamo un capo dal sarto per "la piega".

Naturalmente è anche possibile commissionare al sarto il vestito completo, quanto più sarà bravo l'artigiano tanto più il vestito sarà pregiato e calzerà bene. Le competenze che in questo caso dovrà avere il nostro "sarto" sono nello specifico PHP, HTML, web design e grafica, CSS e possibilmente un po' di SEO. In alternativa è possibile partire da un tema standard, così da avere grossomodo già a disposizione la struttura, e procedere solo con le personalizzazioni grafiche e del CSS, in questo caso il sarto non necessiterà delle competenze di un programmatore ma solo di quelle di un grafico.

Funzionalità extra grazie ai plugin.

I plugin sono dei piccoli applicativi software, comunemente creati dalla community o da singoli sviluppatori, che installati su WordPress interagiscono con esso espandendone le funzioni. Così abbiamo dei plugin che aiutano a prevenire lo spam nei commenti (Akismet, esempio di plugin già installato nel pacchetto base di WordPress); dei plugin che creano un form di contatto; quelli che generano la mappa del sito; quelli che curano gli aspetti SEO; quelli, per esempio, necessari per personalizzare i ruoli utente; quelli che automatizzano il backup del database; quelli che aggiungono automaticamente gli annunci pubblicitari; quelli che inseriscono i tasti social alla fine degli articoli per semplificare la condivisione ai visitatori; quelli che implementano le funzionalità base di un e-commerce... e così via... migliaia di plugin, dalle più svariate funzioni, sono disponibili gratuitamente online...

La procedura di installazione di un plugin su WordPress è paragonabile a quella dei temi; è possibile effettuare una ricerca dei plugin con parole chiave direttamente dal pannello di controllo (dal menu "Plugin > Aggiungi nuovo") o scaricarli da internet ed installarli automaticamente ("Plugin > Aggiungi nuovo" sottoscheda "Caricare") o tramite FTP nella cartella /wp-content/plugins/.

Analogamente ai temi, i plugin installati appaiono nella scheda "Plugin", da qui si possono attivare/disattivare e gestire (per alcuni verrà creata una scorciatoia nella scheda "Impostazioni", per altri ancora, quelli più complessi, verrà generata una nuova scheda nel menu principale). Prima dell'attivazione per alcuni plugin sarà necessario procedere con il settaggio delle impostazioni di base per evitare malfunzionamenti e/o spiacevoli inconvenienti.

Una gestione attenta di temi e plugin.

Come abbiamo visto la stragrande maggioranza di temi e plugin sono creati liberamente ed offerti gratuitamente da sviluppatori più o meno competenti e più o meno anonimi, qualcuno dei più avanzati ha alle spalle una casa di sviluppo software, pochi sono distribuiti a pagamento. Questo se da un lato garantisce ampia diffusione e abbondanza, dall'altro comporta diversi rischi.

È infatti possibile che un plugin, o un tema, nasconda uno o più bug[17], sfuggiti per errore ai controlli dello sviluppatore o inseriti intenzionalmente da un hacker[18], utilizzabili per aprire un accesso non consentito, aggirando la sicurezza di WordPress. Per questo motivo è

---

17 Il termine bug o baco identifica un errore nella scrittura di un programma software.

18 Un hacker è una persona che si impegna nell'affrontare sfide intellettuali per aggirare o superare creativamente le limitazioni che gli vengono imposte, esiste un luogo comune per cui il termine hacker, ed è questo il caso, viene associato ai criminali informatici, la cui definizione corretta è, invece, "cracker". (Fonte Wikipedia, aprile 2013)

necessaria la massima attenzione prima di installare qualsiasi componente aggiuntivo, cercando informazioni dettagliate sull'autore e/o recensioni sul tema o plugin che si intende utilizzare.

Allo stesso modo è assolutamente consigliabile tenere aggiornato all'ultima versione sia WordPress che i vari componenti e, qualora non fossero più supportati ufficialmente, sostituire quelli più vecchi con altri analoghi più recenti.

Terza Parte: Idee e Gestione

Capitolo 8. Cos'è il Tumblelog (tlog o tumblog)?

Un tumblelog - tumblog o tlog - è una variante del blog, che favorisce una forma abbreviata arricchita da multimedialità, rispetto a quelli che sono i lunghi editoriali frequentemente associati ai blog. La forma di comunicazione comunemente usata include collegamenti, fotografie, citazioni, dialoghi di chat e video. A differenza dei blog questo formato è frequentemente usato dall'autore per condividere creazioni, scoperte, esperienze senza la necessità di commentarle[19].

Abbiamo accennato il concetto di tumblelog nel capitolo 5 relativamente al servizio Tumblr[20] (che è la piattaforma di blogging che più ha saputo recepire e sviluppare l'idea stessa di tlog), in questo capitolo vedremo quali possono essere gli intenti di un blogger che intende intraprendere un progetto del genere.

La prospettiva di aprire un tumblelog mi ha sempre attratto, come forse sono stato sempre affascinato dalla

---

19 La fonte di questa definizione è Wikipedia, risale però alla metà del 2013. È stata successivamente modificata.

20 https://www.tumblr.com/

possibilità di produrre arte... ed è proprio questo il punto su cui volevo soffermarmi, il concetto che intendo condividere: il blog come mezzo di produzione o diffusione artistica!

Fotografi artistici e naturalistici, designer, pittori, scultori, architetti, fumettisti, artigiani, ma anche arredatori, wedding planner o qualsiasi altro professionista il cui lavoro è attinente alle parole chiave "creare" e "arte", potranno sicuramente trovare benefici infiniti dall'apertura e dalla gestione di un tumblelog dedicato alla propria attività.

Condividendo fotografie, dipinti, sculture... immagini varie, ambienti... non c'è più un canone da rispettare come in un articolo... c'è un tema predominante ma non ci sono più regole da rispettare... è questa la vera evoluzione del tumblelog... la libertà di produzione dell'arte!

Il blog quindi diventa un portfolio online da presentare al pubblico come ai collezionisti d'arte o ai potenziali clienti, un punto di riferimento da curare come si farebbe con l'opera d'arte stessa presentata fotograficamente, come in una mostra o in una galleria d'arte.

Fino, al limite, arrivare a considerare il blog stesso come opera d'arte!

Purtroppo nel tempo applicazioni come Instagram e social come Pinterest hanno eclissato un po' l'idea del tumblelog, che resta comunque una nicchia interessante da esplorare.

Questo breve capitolo è un po' diverso dal resto del libro, era mia intenzione esporre a parole quella che è la mia idea di tumblelog, spero di esserci riuscito... spero di avervi trasmesso con queste poche parole il concetto a cui mi riferisco.

Capitolo 9. Iniziare un nuovo progetto

Nel capitolo 4 abbiamo visto come orientarsi nella scelta dell'argomento/nicchia prima di aprire un nuovo blog. Appurato che l'ideale sarebbe trovare un argomento la cui nicchia sia interessante, poco conosciuta e non sviluppata da altri blog, abbastanza seguita da giustificare un investimento pubblicitario e sufficientemente ricca da poter garantire discreti guadagni; va adesso sviluppata una strategia di azione. Entriamo finalmente nell'operatività.

Una volta scelto l'argomento è il momento dell'analisi della concorrenza (o più genericamente dell'analisi di mercato). Utilizzando Google (o un altro motore) effettuate delle ricerche per alcune parole o frasi chiave inerenti alla vostra nicchia, con lo strumento per le parole chiave di Google[21] analizzate il volume di ricerca per le query[22] ricercate. Potete valutare le alternative stesse che vi propone lo strumento per estendere l'analisi. Per approfondire ancora l'analisi potete utilizzare un altro strumento, Google Trends[23], che vi aiuterà a capire

---

21 Disponibile come funzionalità all'interno degli account Google Ads. https://ads.google.com/intl/it_IT/home/
22 In informatica il termine query viene utilizzato per indicare l'interrogazione di un database (definizione wikipedia), in questo caso di un motore di ricerca.
23 https://trends.google.com/trends/

appunto come si muovono le tendenze di ricerca nel tempo, così per sviluppare altre idee, sia per il blog che per l'analisi stessa.

Adesso che padroneggiate gli strumenti di ricerca potete passare alla raccolta dati. Su un foglio di calcolo (excel) registrate gli indirizzi dei blog più interessanti per ogni query analizzata, sfogliate almeno le prime 5-10 pagine dei risultati (SERP[24]), alla fine lasciate pure uno spazio per aggiungere un commento. Quando avrete una discreta quantità di dati potete passare all'analisi vera e propria dei siti e dei blog concorrenti.

Valutate, per ogni sito trovato, la qualità dei contenuti, la grafica, la frequenza di pubblicazione, il nome a dominio (gratuito o meno), il numero dei commenti, la presenza di pubblicità... ogni particolare potrebbe esservi utile, in quanto potrebbe essere sviluppato e migliorato nel vostro blog. Se vi può aiutare buttate giù qualche idea su un foglio di carta: idee strutturali, grafiche, di contenuto...

Con l'analisi appena fatta non vi resta che procedere alla scelta del nome del blog (dominio e titolo), dello slogan e procedere con una categorizzazione iniziale. Poi potrete

---

24 Search Engine Results Page: Pagina dei risultati del motore di ricerca

passare all'estetica con la scelta della struttura e del tema grafico.

Scegliere il nome per un Blog.

La scelta del nome (e del dominio) per il blog è forse la parte più delicata dell'intero progetto, soprattutto perché bisogna tener conto dei "destinatari" del lavoro: gli utenti o i motori di ricerca? Negli ultimi anni infatti il lavoro di Google è stato intensamente orientato nel favorire i contenuti creati disinteressatamente per gli utenti e nello stesso tempo a scovare e penalizzare quelli invece progettati per "ingannare" i motori di ricerca, spesso di poco, o nessun, interesse per i lettori. Bisognerebbe tenere conto di questo concetto in ogni fase di progettazione e sviluppo del blog.

Il nome dovrebbe quindi essere rivolto agli utenti ma allo stesso tempo non dovrebbe essere troppo distante dai canoni di indicizzazione dei motori di ricerca, le parole chiave fondamentali dovrebbero essere presenti nel titolo e/o nello slogan. Trovare il giusto equilibrio non è sempre facile soprattutto considerando che si deve collegare poi il tutto al nome a dominio, e non tutti i nomi a dominio sono disponibili.

Qualche tempo fa avrei consigliato di "accontentare" soprattutto i motori di ricerca, effettivamente un nome e un dominio contenenti le parole chiave vengono ancora premiati nelle SERP, anche se questo effetto è stimabile solo per siti meno autorevoli, infatti più aumenta il prestigio (o il trustrank[25]) meno eventuali keywords nel dominio influiscono sul posizionamento.

Quello che suggerisco adesso è sostanzialmente diverso, dedicarsi a compiacere i motori di ricerca con tecniche SEO (di ottimizzazione) estreme non è vantaggioso nel lungo periodo, proprio perché Google e gli altri motori modificano continuamente gli algoritmi di ricerca per adattarli alle esigenze degli utenti, di conseguenza un trucchetto che in un primo momento potrebbe avere un impatto positivo sul posizionamento (e quindi sul traffico), successivamente potrebbe non averlo più o, peggio, potrebbe portare a penalizzazioni.

La strategia migliore è quindi quella di lavorare sodo per offrire costantemente agli utenti contenuti validi. E questo vale anche nella scelta del nome. Così se fra un nome "astratto" (come KyWeek.com, Mashable.com o Engadget.com) e uno "tecnico" (come per esempio "*blogandroid.ext*" o "*blog-tecnologia.ext*") converrebbe,

---

25 Il TrustRank è una tecnica di analisi dei link di un sito web per distinguere le pagine web "utili" ai fini della navigazione dallo spam (definizione wikipedia). Il nome è stato acquistato da Google il 16 marzo 2005. https://it.wikipedia.org/wiki/TrustRank – URL visitato il 19 febbraio 2021.

nel breve periodo, il secondo; a lungo termine premia senza dubbio la scelta di brand. Immaginiamo per un momento che il fondatore Engadget.com avesse optato per un nome tipo "blog-hi-tech.ext", adesso si troverebbe semplicemente con un ottimo blog di tecnologia invece che con IL blog di tecnologia migliore del mondo.

Badate bene però, il nome non è un elemento fondamentale per il successo di un progetto; potrebbe garantire un minimo vantaggio iniziale se contiene una o più parole chiave di interesse, un po' più se risulta facile da ricordare e pronunciare nella lingua in cui è scritto il blog; ma in partenza le probabilità che un nome (o un dominio) possa avere più successo di un altro sono praticamente nulle o decisamente basse; tranne nei rarissimi casi dei "domini premium" come goal.com, calcio.com, football.com, sex.com, che hanno di per sé un valore intrinseco dato dalle visite spontanee che generano e dal volume di ricerca di quella determinata parola di cui sono composti.

Sostanzialmente però gli elementi principali che più possono garantire il successo a un progetto web appena nato sono: le competenze, il talento e la passione del team di lavoro, la nicchia in relazione al periodo "storico" e naturalmente, e sarei in malafede se non ve lo dicessi, un po' di fortuna!

Per quanto riguarda la scelta del nome a dominio è buona norma optare per parole semplici, brevi (massimo 10 caratteri, meglio se meno di 7) e di senso compiuto, anche se ormai sono difficili da trovare nelle principali estensioni (.com, .org, .net e per noi italiani .it). Un'altra scelta vincente, come già accennato, potrebbe essere un termine inventato ma facilmente pronunciabile (per esempio il già citato Mashable.com).

In ultima analisi, qualora le precedenti soluzioni non dovessero essere disponibili, si potrebbe decidere per una breve frase come per esempio *inventarsiunlavoro.ext* o *inventarsi-un-lavoro.ext* (tutto attaccato o con le parole separate da un trattino; anche se la seconda ipotesi è scomoda per il passaparola ed è quindi sempre preferibile la prima).

Studiare la categorizzazione del Blog.

Anche se non è intrinsecamente necessario, studiare e adottare una categorizzazione per il blog consente un'archiviazione accurata e una gestione più ordinata del lavoro di creazione dei contenuti. Non tutti i software di blogging, purtroppo, consentono di gestire le categorie ma quello per eccellenza, WordPress, permette di organizzare gerarchicamente infiniti livelli di categorie e sotto-categorie.

Categorizzazione su base statistica.

Naturalmente non è necessaria una tale profondità, per la stragrande maggioranza di siti e blog sono più che sufficienti 3 massimo 4 livelli di sotto-categorie. Per disegnare la classificazione perfetta per il vostro blog potreste seguire diversi approcci, il più immediato è probabilmente quello statistico. Inizialmente è buona norma valutare almeno una mezza dozzina di categorie principali (o di primo livello), per sceglierle è consigliabile fare riferimento allo studio sulle parole chiave e agli strumenti descritti in uno dei precedenti paragrafi, valutando soprattutto il volume di ricerca dei termini e i consigli ottenuti dagli strumenti statistici di Google. Con questi dati riuscirete sicuramente a creare un albero gerarchico del blog, chiamando le singole categorie con le parole chiave più ricercate.

Categorizzazione logica.

A volte è sufficiente un po' di intuito e logica per strutturare gerarchicamente le categorie. Facciamo un esempio... immaginate di dover aprire un blog sugli animali. La prima categoria potrebbe essere proprio "animali", potreste anche omettere questa categoria se pensate di limitarvi a questo argomento nel blog, ma se magari pensate di ampliare in futuro i temi (inserendo per esempio altre categorie come "piante" o "insetti") è preferibile tenerla.

Subito dopo potete inserire le sotto-categorie, diciamo in questo caso: "animali domestici" e "animali selvatici". Continuando al terzo livello sotto "animali domestici" potete inserire le sotto-sotto-categorie: "animali da compagnia" e "animali della fattoria"; sotto "animali selvatici" invece: "animali della savana" e "della foresta" e "della giungla".

Ancora proseguendo al quarto livello sotto "animali da compagnia" potete inserire le sotto-sotto-sotto-categorie: "cani" e "gatti"... di conseguenza al quinto livello inserirete le razze... e così via per ogni categoria e sotto-categoria...

Questo approccio è molto utile soprattutto a chi è indeciso e infatti è consigliato a chi inizialmente ha le idee poco chiare. In questo modo, non essendo legati ad una struttura preconcetta (come abbiamo visto e vedremo), è possibile aggiungere o cancellare una o più categorie, facendo attenzione a ricollocare gli articoli già scritti ed assegnati alla categoria che si intende eliminare.

Il processo non è molto difficile né troppo dispendioso in termini di tempo, soprattutto su WordPress, basta fare un po' di attenzione ed avere un po' di pazienza nella modifica delle categorie e degli articoli (soprattutto se sono tanti). In merito il mio consiglio è quello di procedere prima alla creazione della nuova categoria, spostare poi gli articoli dalla vecchia ed eliminare quest'ultima solo quando è ormai vuota.

Categorizzazione secondo standard "ufficiali".

Se il settore in cui intendete aprire il blog dispone di una categorizzazione ufficiale o ampiamente riconosciuta potete utilizzare quella... quindi nel caso del sito sugli animali potreste utilizzare la classificazione scientifica, partendo quindi dal regno (animale), o dalla classe (mammiferi), arrivando poi all'ordine (carnivori, erbivori), alla famiglia, al genere, alla specie, fino alla razza. Questa soluzione è naturalmente consigliata ai blog che intendono specializzarsi molto a livello tecnico e/o scientifico. Non tutti necessitano di una categorizzazione così accurata.

Come scegliere l'aspetto grafico e strutturale (il tema) del Blog.

La struttura e la grafica, oltre che a personalizzare l'aspetto e a rendere unico un blog, possono aiutare all'indicizzazione e al posizionamento sui motori di ricerca. Infatti non è solo la pulizia del codice con il quale viene scritto il tema (o template), come abbiamo visto nel capitolo 7 relativamente al CMS WordPress, ma anche la posizione stessa delle colonne ad influenzare, seppur minimamente, questi fattori.

Strutturalmente troviamo in tutti i siti ed i blog presenti online (anche questo) le seguenti componenti:

- Header o testata
- Una o più colonne (quella principale ed altre eventuali laterali)
- Footer o piè di pagina

L'header, il footer e le barre laterali solitamente sono elementi fissi e restano immutati in tutte le pagine del blog. Questi contengono elementi (o widget) base quali menu, archivi, spesso annunci pubblicitari ma anche form di ricerca, collegamenti ai social network e a volte un bottone che riporta le statistiche.

La colonna principale, che sui blog occupa ormai quasi sempre la posizione più a sinistra del monitor, ma che per molto tempo ha occupato quella centrale, è lo spazio in cui si trovano i contenuti. Questa contiene nella home e negli archivi gli ultimi articoli o estratti di questi, nelle singole pagine il contenuto stesso degli articolo.

Anche se il numero ed il posizionamento delle colonne può essere deciso in totale libertà dal webmaster è buona norma non superare le due barre laterali (l'ideale è una) e di posizionare la colonna principale a sinistra. Questo perché in italiano (e nelle lingue occidentali) gli occhi degli utenti sono abituati a leggere da sinistra verso destra e di conseguenza anche i motori di ricerca danno priorità ai contenuti partendo appunto da sinistra.

Questo non vieta assolutamente di posizionare la colonna principale, per esempio, al centro fra due barre laterali (come avveniva fino a qualche anno fa), ma, come è possibile verificare velocemente facendo un giro online su blog e siti più recenti, è una pratica ormai abbandonata.

Per quanto riguarda l'aspetto puramente estetico non ci sono particolari pratiche da seguire se non il buonsenso. Meglio scegliere un colore chiaro e sfumato che non stanchi gli occhi, sono consigliate le tonalità pastello come il rosa, il verde chiaro e l'azzurro, mentre i colori forti come il rosso o il giallo sono da evitare come per esempio gli sfondi scuri.

Capitolo 10. Gestione quotidiana del blog

In questo capitolo vedremo come organizzare l'operatività quotidiana nella gestione di un blog. Non esistono regole prefissate e valide per tutti, ogni blogger dovrà trovare il proprio equilibrio, d'altronde è possibile rifarsi ad alcune consuetudini utili per semplificare il lavoro giorno dopo giorno.

Periodicità degli articoli.

Il punto di partenza è fissare il numero di articoli da pubblicare quotidianamente o settimanalmente, non deve essere una cifra fissa ma un punto di riferimento per offrire ai lettori e ai motori di ricerca una sorta di continuità editoriale. Questo numero può variare sia in base al tempo che intendete dedicare al progetto, sia all'argomento stesso del blog e naturalmente anche agli obiettivi che volete raggiungere. Ed è in base a ciò che, per esempio, per un blog di tecnologia (o di gossip) è meglio pubblicare diversi articoli brevi al giorno piuttosto che uno lungo e ben articolato, che al contrario sarebbe l'ideale per un sito di approfondimento economico o politico.

Piano editoriale.

Il pubblico di riferimento è uno dei fattori più importanti da valutare, quanto più esigenti saranno i vostri lettori tanto più gli articoli dovranno essere elaborati e il gergo utilizzato consono alle aspettative degli stessi. Per questo è indispensabile che sviluppiate un piano editoriale, prendendo spunto soprattutto dai blog leader di settore.

Raccogliere le fonti più influenti, che trattano l'argomento di vostro interesse, in un lettore di feed rss è di principale importanza, in primo luogo per tenervi aggiornati e soprattutto per trovare continuamente notizie nuove da riportare sul blog. La cosa migliore da fare è quella di selezionare le fonti più importanti a livello mondiale (sarà necessaria quindi una conoscenza base almeno della lingua inglese), invece di fare affidamento su quelle italiane, perché il più delle volte è dai blog anglofoni che partono le indiscrezioni.

Così anche se avete un blog appena nato, gestendo attentamente e organizzando minuziosamente le fonti, potreste riuscire a dare una notizia prima di un grosso network nazionale, citando direttamente l'articolo originale al quale avete attinto le informazioni.

Ricerca fonti e gestione feed RSS. Viene da sé il passo successivo, cioè la ricerca e la selezione delle fonti. Probabilmente se avete scelto un determinato argomento è perché già lo conoscete e/o già lo seguite su diversi siti o blog. Partendo da questi cercatene altri, gli autori migliori citano sempre la fonte della notizia alla fine di ogni articolo... fate tesoro di questi suggerimenti e valutate accuratamente ogni sito in cui vi imbattete.

Seguite le vostre fonti anche sui social network (per questo consiglio soprattutto Twitter), controllando con attenzione chi a loro volta seguono. Spesso un semplice retweet vi farà scoprire un blog o un autore coinvolgente. Infine, se le fonti trovate non sono abbastanza, provate a cercare sui motori di ricerca utilizzando le parole o le frasi chiave di vostro interesse... potrebbe venirne fuori qualcosa di notevole.

Una volta trovati un numero sufficiente (15, 20, 30) di blog e testate giornalistiche da utilizzare come fonti, organizzate i loro feed RSS in un lettore; possibilmente online e raggiungibile da tutti i vostri dispositivi, così da poterli consultare anche nei tempi morti; divideteli per lingua e per argomento, potrete così esaminarli in maniera più immediata. I lettori di feed più avanzati vi offriranno ulteriori suggerimenti su elementi simili da aggiungere alle risorse già seguite.

Coltivate l'abitudine di controllare il vostro lettore di feed una o più volte al giorno, scorrete le notizie e segnatevi le più interessanti così sarà più facile trovare l'ispirazione per il vostro prossimo articolo, questa operazione non vi dovrebbe portare via troppo tempo, soprattutto se saprete toglierlo, per esempio, al "cazzeggio" su Facebook.

Pubblicare e programmare gli articoli.

In base agli articoli che volete/riuscite a scrivere ogni giorno, e agli orari in cui potete lavorare, potrebbe essere necessario adottare una strategia di pubblicazione piuttosto che un'altra. Se per esempio durante una giornata lavorativa riuscite a scrivere sei/otto articoli ben distribuiti nel tempo, potete pubblicarli subito, ad intervalli più o meno regolari uno dall'altro.

Se invece avete tempo per scrivere solo la sera, di notte o nei fine settimana non è consigliabile pubblicare gli articoli appena terminati perché presumibilmente la vostra audience in quegli orari non è online. In questi casi è buona norma programmare la pubblicazione dei post durante la giornata seguente o la settimana successiva.

Capitolo 11. Fotografie e immagini

Uno dei problemi principali per i blogger inesperti è quello di trovare delle immagini da utilizzare gratuitamente negli articoli, molti infatti, erroneamente, sottovalutano il problema e si fiondano sui motori di ricerca utilizzando senza criterio una qualsiasi fotografia trovata. È raro che succeda ma, in questo modo, c'è il pericolo di incorrere in una eventuale violazione di copyright (diritto d'autore) e quindi in problemi legali.

La questione è delicata e anche se la maggior parte degli aspiranti blogger non si preoccupa di questo, dato che le probabilità che un sito appena nato venga trovato e perseguito sono praticamente nulle. Naturalmente il pericolo aumenta con l'aumentare della popolarità, e infatti qualcuno ogni tanto viene "beccato" e paga per tutti.

Nei miei progetti sono sempre stato molto accorto a questo particolare utilizzando negli articoli pubblicati immagini e fotografie senza diritti d'autore, di dominio pubblico, o con licenza Creative Commons[26].

---

26 Creative Commons (CC) è un'organizzazione non profit con sede a Mountain View (USA) dedicata ad ampliare la gamma di opere creative disponibili alla condivisione e all'utilizzo pubblici in maniera legale. Rende possibile il riuso creativo di opere

Fortunatamente in questo campo le risorse online sono praticamente infinite e non è difficile trovare materiale visivo gratuito e di alta qualità

Flickr.

Il servizio che utilizzo prevalentemente nei miei blog è senza dubbio Flickr[27], una delle migliori applicazioni web per la gestione e la condivisione di fotografie, disponibile gratuitamente online.

Il suo funzionamento è semplice, chiunque può iscriversi a Flickr per pubblicare le proprie immagini e fotografie, creare album online e valutare le fotografie inserite dagli altri (come in una sorta di social network interno). Negli anni la piattaforma è cresciuta a dismisura diventando praticamente uno standard grazie a fotografi e appassionati di fotografia da tutto il mondo giorno dopo giorno hanno condiviso tramite essa centinaia di migliaia di fotografie.

A ogni fotografia caricata su Flickr può essere associata una licenza Creative Commons, così l'autore può decidere quali diritti di condivisione lasciare all'immagine. Ogni

---

dell'ingegno altrui nel pieno rispetto delle leggi esistenti. (Fonte Wikipedia)

27 https://www.flickr.com/

utente, iscritto o meno alla piattaforma, può utilizzare le fotografie come meglio crede nel rispetto della libertà concessa. Le formule principali di licenza CC sono tre (nel motore di ricerca avanzato, esiste un campo per trovare facilmente fotografie "libere", come nella figura di seguito):

Qualsiasi licenza ▼   SafeSearch disattivata ▼

Qualsiasi licenza

Tutte quelle relative a Creative Commons

Uso commerciale consentito

Modifiche consentite

Uso e modifiche commerciali consentite

Nessuna limitazione di copyright nota

Lavori governo USA

- Tutte quelle relative a Creative Commons. Questa è la formula base con la quale è possibile utilizzare le immagini, citando la fonte, in un proprio progetto non a scopo di lucro, senza potergli apportare modifiche.

- Uso commerciale consentito. Con questa formula è possibile utilizzare l'immagine, citando la fonte, anche in un progetto a scopo di lucro (come può essere un blog con pubblicità), ma non gli si possono apportare modifiche.

- Uso e modifiche commerciali consentite, in questo modo è possibile adattare o prendere spunto dalle immagini, anche modificandole. Questo filtro consente di trovare le immagini da utilizzare, citando la fonte, con la massima libertà di utilizzo.

(NB: se la prima opzione è una scelta "obbligatoria", in quanto altrimenti potrebbero comparire nella ricerca anche immagini non utilizzabili liberamente, le altre due sono opzionali e possono essere utilizzate indipendentemente una dall'altra).

Su Flickr sono riuscito a trovare la stragrande maggioranza delle fotografie che ho pubblicato online, qualche volta però non è bastato e mi sono dovuto rivolgere altrove, vediamo insieme dove...

Altri siti, servizi, fonti.

Fra i più utilizzati siti di condivisione gratuita di immagini, ci sono: pexels.com, pixabay.com, freeimages.com, nati come alternativa ai costosi siti di vendita di fotografie professionali, sono diventati oggi un punto di riferimento per chiunque abbia bisogno di un'immagine per il proprio blog, sito, presentazione, sfondo del desktop e non solo. Come per Flickr però ci sono delle regole da rispettare e variano in base alle foto (al loro proprietario), la maggior parte di esse però possono essere utilizzate liberamente, citando la fonte, in qualsiasi progetto web e non (anche se commerciale); con alcune limitazioni quali il divieto di utilizzarle su siti immorali o pornografici, per diffamare l'eventuale persona raffigurata nell'immagine. È vietata ovviamente la vendita o la ridistribuzione dell'immagine stessa.

Veezzle.

Esistono anche veri e propri motori di ricerca per trovare immagini gratuite di stock, fra questi è doveroso citare veezzle.com che consente la ricerca in diverse community e siti online di condivisione immagini gratis.

Comunicati stampa.

In alcuni casi, soprattutto per i blog di tecnologia (ma in generale per tutti quelli che pubblicano notizie o recensioni di prodotti), sono le aziende stesse che mettono a disposizione dei blogger e dei giornalisti comunicati stampa e kit media completi di dati tecnici e fotografie utilizzabili per la creazione degli articoli.

Altri blog.

Come abbiamo visto per Flickr, quasi tutti i blog offrono i propri contenuti con licenza Creative Commons. Quindi è possibile, in questi casi, utilizzare le fotografie presenti su questi siti nei propri articoli citando come sempre la fonte, fate attenzione però a controllare se inizialmente l'immagine è stata pubblicata con dei crediti, perché in questo caso dovrete citare la fonte principale dell'immagine.

Capitolo 12. Come gestire un blog multi-autore

Gestire un blog con più autori è molto diverso che farlo da soli, non è così semplice come potrebbe apparire perché c'è bisogno di molta più organizzazione senza la quale c'è il rischio di "pestarsi i piedi" a vicenda con gli altri autori, vanificando quasi del tutto i vantaggi che il lavoro di gruppo offre. Quindi sia che stiate per intraprendere un progetto con alcuni amici/soci, sia che stiate pensando di "assumere" uno o più articolisti, ci sono delle cose a cui pensare prima di fare un salto nel vuoto senza paracadute!

Linea editoriale.

Per prima cosa dovete capire qual è il modo migliore per condividere la linea editoriale con gli altri autori del blog, e di conseguenza come assegnare i vari argomenti da trattare a ognuno, soprattutto se questi, come succede spesso online, non vivono in zone limitrofe e non sono disponibili (a essere online) negli stessi orari.

Il modo migliore per organizzarsi a distanza è quindi un documento condiviso o, ancora meglio, un software di team management (es. Asana, Trello, Slack). In questo modo, e grazie a questi strumenti è possibile gestire con relativa semplicità i vari autori (se siete voi a decidere la linea editoriale, vedi capitolo 10) o anche concordare gli argomenti da trattare e gli articoli da scrivere con gli altri eventuali colleghi/soci, qualora ce ne fosse bisogno.

Nella mia esperienza alla "guida" di un piccolo team di autori ho adottato diverse consuetudini in modo che chiunque, in qualunque momento, da qualsiasi parte del mondo potesse decidere, facilmente, e velocemente, cosa scrivere senza rischiare di sovrapporsi con gli altri collaboratori del blog, per esempio mettendosi a lavorare contemporaneamente sullo stesso articolo o argomento.

Operativamente avevamo tutti accesso a un unico documento di testo condiviso online, la pagina era divisa in 3 sezioni: news, articoli e "prenotazioni". Mi occupavo io stesso di scegliere le notizie e di "consigliarle" nella sezione news (da pubblicare entro qualche ora o al massimo in giornata) o nella sezione articoli (quelli "senza scadenza temporale").

Il compito di ogni collaboratore era quello di entrare nel foglio di lavoro condiviso, scegliere l'articolo da scrivere, prenotarlo aggiungendo il proprio nome alla fine del titolo (o URL della fonte) e copiare la "prenotazione" nella sezione della pagina dedicata. Così chiunque si fosse collegato successivamente per scegliere il pezzo da scrivere, avrebbe visto chiaramente quali fossero gli articoli già prenotati, e avrebbe potuto scegliere fra gli altri consigliati senza il rischio di trovarsi a lavorare in più persone sulla stessa notizia/storia.

A questo punto entrava in gioco la figura dell'editore (per la nomenclatura mi sto rifacendo ai ruoli utente presenti in Wordpress, ma li vedremo genericamente nel prossimo paragrafo) il cui compito era quello di rileggere, revisionare, eventualmente correggere e pubblicare gli articoli sul blog; provvedendo alla fine a cancellare la prenotazione dal foglio condiviso.

Organizzare la gerarchia della "redazione".

Per consentire al blog multi-autore di funzionare è quindi necessaria una gerarchia interna tanto più articolata quanti più autori/collaboratori fanno parte della "redazione" virtuale. Per elencare i vari ruoli mi rifarò (come accennato prima) alla nomenclatura standard di Wordpress (ma non necessariamente ai permessi standard di cui godono), anche se questa classificazione potrà essere utilizzata, con le varianti del caso, per qualsiasi progetto, su qualsiasi CMS che sia abbastanza avanzato da prevederne l'uso.

Premettendo che ogni ruolo possiede tutti i permessi dei ruoli soprastanti andiamo a vedere quali sono i "poteri" che dovrebbe avere ogni figura:

- Sottoscrittore, è la figura base di un blog, non ha permessi ed è esterna all'organizzazione, sottoscrive il blog per riceverne gli aggiornamenti, è quindi sostanzialmente un fan.

- Collaboratore, può scrivere gli articoli ma spesso non ha il permesso di caricare sul server file multimediali (immagini, audio, video, allegati) o inserire negli articoli link attivi verso altri siti. Solitamente gli articoli dei collaboratori passano sotto la supervisione di un editore o di un amministratore prima di essere pubblicati.

- Autore, può scrivere articoli completi di link, immagini e contenuti multimediali vari. Può godere o meno dei diritti di pubblicare i propri post direttamente.

- Editore, ha il potere totale sui contenuti del sito, può scrivere e pubblicare articoli; può rivedere, correggere e pubblicare gli articoli degli altri; può gestire i contenuti multimediali.

- Amministratore, ha il potere totale in tutti i settori del blog, compresi quelli tecnici (grafica, struttura, plugin, ecc...)

A questi ruoli ne possiamo aggiungere qualche altro strettamente correlato agli aspetti tecnici ed alla gestione del blog. Queste sono figure non necessariamente indispensabili fin dall'inizio ma un webmaster (con conoscenze base di programmazione) ed un webdesigner per l'aspetto grafico sono utilissimi per progetti che hanno raggiunto un certo livello.

Queste possono essere considerate le linee guida generali per la gestione di un blog multi-autore, in realtà ognuno potrebbe e dovrebbe elaborare le pratiche di organizzazione più adatte alla propria struttura, tenendo quello che ritiene utile e cambiando/modificando quello che non sembra funzionare bene nel caso specifico; una sorta di evoluzione nell'efficienza e nell'organizzazione del lavoro.

Quarta Parte: Traffico e Analisi

Capitolo 13. Il Traffico: utenti e visite

Siamo forse arrivati a quello che è il punto più interessante e importante di tutto il libro. Finalmente proveremo a rispondere alla domanda più difficile per chiunque inizi un progetto online, qualsiasi esso sia: "come portare tanti lettori/visitatori su un nuovo sito?"

Dopotutto cos'è un blog senza lettori se non un diario chiuso in un cassetto?

Non basta aprire un blog e scrivere ogni tanto quello che ci passa per la testa per vedere il contatore delle visite salire. La concorrenza online è numerosa, spietata e lontana solo un click; per batterla l'unico modo è offrire ai navigatori della rete (e ai motori di ricerca) qualcosa in più, o di diverso, dagli altri, perché altrimenti nessuno sarà motivato a degnarci della propria attenzione.

Prima di procedere però cerchiamo di capire come sono definiti i termini utilizzati per i concetti di "traffico" e "visitatori" nel vasto mondo di internet. Una volta partiti con un blog infatti ci troveremo spesso a parlare di Visitatori (o utenti) unici, Visite e Pagine viste.

Anche se a una persona inesperta queste tre parole, e il relativo significato, potrebbero sembrare coincidenti; in realtà la differenza fra loro è sostanziale, andiamola a vedere:

- Partiamo con il concetto di **Utente unico**, cioè quella persona (singolo ip, computer) che arriva sul nostro blog e lo visita una o più volte, conteggiato una sola volta nell'arco di un mese (o di un giorno, in base ai nostri standard e/o a quelli del programma di statistiche).

- Il concetto di **Visita** (o *Sessione*) è un po' diverso, infatti si riferisce sempre a quell'utente che ha visitato il nostro blog ma questa volta conteggiato in ogni singola sessione (arriva sul sito e ci resta per un po' di tempo sfogliando una o più pagine), quindi anche più volte nell'arco della stessa giornata.

- Infine ogni Utente unico ad ogni Visita (sessione) potrà navigare attraverso una o più pagine del sito quantificando così il numero di **Pagine viste**.

Questi tre valori tenderanno ad essere sempre dissimili fra loro, infatti il numero di Visite in un determinato periodo di tempo sarà sempre maggiore del numero degli Utenti unici ma minore del numero di Pagine viste. In un solo caso, ragionando per assurdo, potrebbero coincidere: se ogni visitatore si fermasse una singola volta sul sito visualizzando una sola pagina e non tornando per i successivi 30 giorni.

Chiariti questi concetti basilari (che non sono i soli ad interessarci, approfondiremo statistiche e analisi più avanti) non ci resta che capire come procedere per aumentare le visite al blog, avanzando lentamente ma inesorabilmente lungo la strada che, se ben percorsa, senza cadere nella tentazione di imboccare qualche scorciatoia, ci condurrà al successo sperato.

Capitolo 14. Aumentare le visite

A questo punto inizia la vera sfida, fino ad ora abbiamo studiato e pianificato un progetto web ma da adesso in poi si fa sul serio. In decine di migliaia aprono un blog ogni giorno ma solo pochi raggiungono un discreto numero di visite (qualche centinaia al giorno); è invece rarissimo che uno di questi superi il confine fra sito amatoriale e iniziativa imprenditoriale (infatti solo oltre le diverse migliaia di visite al giorno inizia a essere interessante il ritorno economico della pubblicità, anche se c'è parecchia differenza fra settore e settore).

Inutile girarci intorno, per sperare di raggiungere obiettivi sempre più importanti è necessario tanto lavoro, passione e talento, tutte cose che potrebbero non bastare perché la concorrenza è agguerrita e ha, a volte, più risorse di noi.

Fortunatamente su Internet c'è ancora parecchia meritocrazia (meno di quanta la maggior parte della gente immagina, ma ben più che nel "mondo reale") e quindi un progetto portato avanti nel modo giusto può ambire a traguardi di notevole spessore. Il punto della questione è quindi adesso come aumentare le visite al blog?

Produzione costante di contenuti originali e di qualità.

Le fondamenta di ogni blog sono i contenuti, decine di articoli pubblicati ogni giorno (o settimana) sono il punto di partenza di qualsiasi progetto, se non vi stimola l'idea di scrivere è meglio che non vi imbarchiate proprio in questa impresa (a meno che non abbiate a disposizione le basi economiche per assumere chi produca contenuti per voi). La continuità di pubblicazione e la qualità dei contenuti inoltre sono le uniche garanzie di successo, non esistono scorciatoie perché qualunque "falla" nel sistema (e con sistema intendo le varie fonti di traffico, motori di ricerca in particolare) viene velocemente corretta, i trucchetti poco "etici" possono funzionare per qualche tempo ma prima o poi vengono scoperti ed invalidati. È già successo diverse volte nella storia di internet, basti pensare agli aggiornamenti degli algoritmi di Google che, per esempio, hanno spodestato fra il 2011 e il 2013 diversi siti, soprattutto i cosiddetti aggregatori[28], e premiato altri.

---

28 Gli aggregatori di notizie sono siti web o blog che ripubblicano articoli o estratti di notizie da altre fonti citandone la provenienza. Anche se la pratica è sostanzialmente legale, in quanto sfrutta l'anima Creative Commons della blogosfera, non è vista positivamente dagli addetti ai lavori, dato che sfrutta il lavoro di volenterosi blogger senza offrire in cambio un reale controvalore. Il fenomeno è dilagato soprattutto nella seconda metà degli anni 2000 ed ha toccato l'apice fra il 2010 ed il 2011 quando appunto i motori di ricerca hanno iniziato a porvi rimedio, tramite la penalizzazione di questo tipo di portali.

L'aggiornamento e l'evoluzione degli algoritmi dei motori di ricerca avanza a una velocità sempre crescente, ed è per questo che i furbi avranno la vita sempre più difficile.

Quindi, se il vostro intento è quello di inventarvi un lavoro duraturo online, vi sconsiglio di cedere alla tentazione di utilizzare espedienti poco nobili perché rischiate di buttare al vento tutto il lavoro fatto. Procedete dunque producendo contenuti di qualità, non è necessario fin dall'inizio scrivere decine di nuovi articoli ogni giorno, regolate il flusso editoriale secondo le vostre esigenze ed accelerate solo quando le statistiche e i profitti motivano tale scelta.

Le vie percorribili sono sostanzialmente due, ognuna delle quali prevede un'impostazione diversa, attraendo di conseguenza un pubblico diverso. La prima strada è quella di dedicarsi a notizie flash, brevi e concise. In questo caso il vostro compito sarà quello di scrivere dozzine di post ogni giorno il che implica una profonda conoscenza e un continuo aggiornamento sull'argomento trattato.

La seconda strada invece comporta un approfondimento delle storie trattate, conseguentemente articoli più lunghi, con analisi più complesse, arricchite con le opinioni e l'interpretazione dell'autore; il quale dovrà dimostrare, oltre alla conoscenza dell'argomento trattato, una più vasta cultura generale in modo da collocare i vari pezzi in un determinato contesto sociale, storico, politico, economico e/o scientifico/tecnologico.

Una terza via sarebbe percorribile e cioè un compromesso fra le due precedenti. Sebbene sia la soluzione che preferisco è una scelta parecchio delicata perché in questo caso l'organizzazione del lavoro deve essere studiata nei minimi dettagli; così come la scelta dei collaboratori, perché è impensabile, o quantomeno improbabile, riuscire a portare avanti un progetto simile da soli.

Anche se la produzione di contenuti è di fondamentale importanza per la crescita di un blog, non si può puntare in alto se non si riesce a "spingere" il tutto con tecniche SEO (Search Engine Optimization) e/o di Web Marketing.

Link Building.

Questo che stiamo per trattare è l'argomento più delicato di tutto il libro perché, oltre a essere di fondamentale importanza per sviluppare la popolarità del blog, richiede pazienza, competenze e prudenza. Infatti eventuali errori commessi a questo punto, volutamente o meno, possono inquinare irrimediabilmente il lavoro fatto, portando a delle penalizzazioni da parte dei motori di ricerca, le quali sono il più delle volte difficili da scovare o risolvere e, nascondendosi dietro l'angolo, a volte travestite da algoritmi balordi, incombono in ogni momento sui webmaster di tutto il mondo.

Se qualche anno fa per la costruzione di un discreto numero di backlink[29] era sufficiente inserire il proprio sito nel maggior numero possibile di directory web[30], oggi la realtà è un po' diversa sia grazie all'evoluzione degli algoritmi su cui si basano i motori di ricerca, sia grazie all'estrema diffusione dei blog che in pochissimo tempo hanno sormontato in maniera sempre più netta i siti web e le directory, aumentando vertiginosamente il numero di link naturali[31] indirizzati verso le risorse online di maggiore qualità.

---

29 Un link entrante o collegamento entrante (in inglese backlink abbreviato BL) è un collegamento ipertestuale che punta ad una determinata pagina web (definizione Wikipedia).

30 Una web directory è un elenco di siti web suddivisi in maniera per così dire gerarchica. Una web directory dunque non è né un motore di ricerca né un archivio di siti che utilizza lo strumento dei tag. Invece li raccoglie e organizza per mezzo di categorie e sottocategorie tematiche (definizione Wikipedia). La più importante directory è stata ODP (Open Directory Project) chiusa definitivamente nel marzo 2017.

31 Un link naturale (o spontaneo) è un collegamento ipertestuale inserito spontaneamente da un webmaster o blogger, il cui intento è quello di approfondire l'argomento trattato. Questo implica, agli occhi dei motori di ricerca, una dichiarazione di qualità nei confronti del contenuto di quella determinata pagina web; quanto più la pagina di partenza è importante e gli argomenti trattati saranno correlati, tanto più il link "cederà" autorevolezza alla pagina di destinazione.

Ed è dagli albori di Internet che ai backlink si ascrive un valore di fondamentale importanza nel calcolo dei punteggi di qualità delle pagine web, è sicuramente una delle principali variabili alla base del funzionamento degli algoritmi dei motori di ricerca. Così, volgarmente, quanti più link in entrata avrà una pagina, tanto migliore sarà il suo posizionamento nei risultati delle ricerche degli utenti. Su queste basi si fondano i più complessi algoritmi dei motori di ricerca che possono essere praticamente considerati la base del funzionamento del web, perché tali variabili hanno letteralmente il potere di decretare se un sito web avrà successo o meno.

Nel tempo questi algoritmi sono diventati sempre più complessi e orientati al "cliente" tanto che oggi esistono numerose SERP diverse per ogni singola query di ricerca, queste variano sia per i fattori relativi alla qualità delle pagine web sia per l'interesse storico (cronologia di ricerca recente e passata) dell'utente stesso, il quale troverà risultati sempre più personalizzati man mano che gli algoritmi "approfondiscono" la sua conoscenza.

Sovente nel tempo innumerevoli altre variabili si sono aggiunte e hanno perfezionato gli algoritmi dei motori di ricerca. Basti pensare alla pagina dei risultati di Google che molte volte presenta dei risultati "interattivi" come rich snippet, SERP features, Knowledge Graph[32] che di

---

32 Il Knowledge Graph è una funzione di ricerca che è stata introdotta da Google il 16 maggio 2012 sul motore "google.com".

fatto fanno in modo che gli utenti non debbano più cliccare e visitare il sito per trovare l'informazione cercata[33], ma questa viene fornita direttamente sulla pagina dei risultati. In questo modo Google trattiene nel proprio "ecosistema" gli utenti, danneggiando di fatto piccoli e grandi editori.

Link "no follow".

Non tutti i link hanno lo stesso valore, negli anni a causa degli abusi e dello spam, in particolare sui blog e sui forum, fra webmaster e motori di ricerca si è giunti ad una sorta di "tacito accordo", dove i primi si sarebbero impegnati a segnalare con un "no follow" (letteralmente "non seguire") i link meno importati, quelli automatici e/o non sotto il proprio controllo diretto (commenti sui blog, firme sui forum) così che i secondi avrebbero potuto escludere questi ultimi dal conteggio negli algoritmi, evitando in questo modo anche spiacevoli penalizzazioni. C'è però chi sostiene che i link "no follow" non siano del tutto inutili e che anzi passino in ogni modo un po' di valore.

Nella versione italiana la funzionalità è stata attivata il 4 dicembre 2012. (Fonte: Wikipedia)

33 Per esempio i box che compaiono quando si cerca il cambio valuta, un'operazione aritmetica, un fuso orario oppure il titolo di un libro, di un film o il nome di un personaggio.

Il codice per inserire il "no follow" è semplice, basta infatti aggiungere nel tag HTML del link il tag *rel="nofollow"* in questo modo:

> *<a*
> *href="http://www.urldellik.com/esempio.html"*
> *rel="nofollow">Url del Link</a>*

Come fare "Link Building".

Come abbiamo visto l'attività di link building è molto delicata e va portata avanti con attenzione ed "etica" (non avrei mai pensato di dover usare questa parola in un manuale) perché il confine fra ciò che è giusto (leggi: ciò che piace a Google) e ciò che è sbagliato è veramente sottile e a tratti confuso. Quindi se solo qualche anno fa la prima cosa da fare per costruirsi un rispettabile numero di backlink era inserire il link al proprio sito in decine di directory, sui forum, lasciare commenti su blog a tema, utilizzando titoli e descrizioni diversi per ogni segnalazione, adesso questa pratica è considerata sbagliata e può portare addirittura alla penalizzazione; tanto che per un periodo si è arrivati a fare "SEO negativa" per screditare i siti dei diretti concorrenti!

Chiunque dotato di un minimo di buon senso non farà fatica a capire che questa è un'assurdità, è come, per esempio, *"multare la pizzeria A per dei manifesti pubblicitari che il proprietario della pizzeria B ha messo appositamente in spazi vietati per danneggiare il proprio concorrente".* Quindi per evitare di impazzire seguendo questi paradossi creati dai motori di ricerca è meglio dimenticarsi del tutto di loro e concentrarsi su una sola cosa... gli utenti!

Secondo infatti le "best practices" di Google gli unici link "buoni" sono quelli spontanei, ma come può un blog appena nato, che si presuppone non abbia ancora visitatori, attrarre altri webmaster o blogger abbastanza interessati agli argomenti trattati da inserire *"spontaneamente"* un backlink sul proprio sito? E aggiungo, senza comprare traffico su Google Ads o pagare proprietari di altri siti per inserire link verso il nostro evitando che Google se ne accorga? È proprio questa la difficoltà di ogni progetto web, che tenteremo di affrontare in questo capitolo. Un'assurdità!

Directory Web.

Dopo aver aperto il blog e pubblicato una "decina" di articoli potete iniziare a fare link building. Anche se oggi il valore delle web directory è quasi totalmente azzerato, tanto che molte di queste sono state addirittura escluse dai motori di ricerca, si potrebbe comunque provare a cercarne qualcuna. Se negli anni passati si cercavano liste di directory (non vi fidate molto di queste liste già pronte perché spesso sono di bassa qualità e non avete più bisogno di un numero spropositato di directory) per poi inserire in maniera semi-automatica, quasi meccanica, il proprio sito nel loro indice, cosa oggi decisamente sconsigliata; il primo passo che possiamo fare oggi è quello di cercare sui principali motori di ricerca le directory più importanti presenti online per il settore di vostro interesse, se sono presenti negli indici di ricerca significa che comunque non sono bannate o penalizzate e quindi non sono proprio da escludere a priori. Se infatti una di queste richiede, per l'inserimento di un sito nel proprio database, una descrizione originale dello stesso, accompagnata da una buona categorizzazione, allora la si può prendere in considerazione.

Segnalate il vostro blog ad alcune di queste directory, non fatelo tutto in una volta ma diluite le segnalazioni in intervalli di tempo più o meno lunghi, da qualche giorno a una settimana; iniziate a cercare le directory con le parole chiave che rappresentano meglio il vostro progetto e proseguite, progressivamente, con le altre. Assicuratevi di inserire titolo, descrizione e possibilmente tag ogni volta, tassativamente, originali e inediti, sfruttando sempre a pieno lo spazio a disposizione nei moduli di richiesta.

Fra una segnalazione e l'altra continuate a inserire nuovi contenuti sul blog così che l'incremento di link in entrata non sia interpretato negativamente. Quando il vostro sito sarà accettato e quindi inserito in 5-6 directory web potete fermarvi e dedicare ulteriore tempo ai contenuti. A intervalli più lunghi, un mese o più potreste continuare, un po' alla volta, a segnalare il blog in altre directory.

Scambio articoli e guest post.

Un'altra pratica di cui si è molto abusato negli anni passati, anch'essa penalizzata dagli ultimi aggiornamenti degli algoritmi di ricerca, è lo scambio link fra siti "amici" o simili. C'è stato un periodo in cui ogni blog o sito amatoriale nella colonna di destra, o nel footer, aveva una lista di decine, se non centinaia, di siti "consigliati", con la maggior parte dei quali c'era un accordo di scambio link.

Questi accordi prevedevano, nel caso più semplice, un link reciproco nella home page o in tutte le pagine del sito. L'uso smodato di questa abitudine, inizialmente già penalizzata, ha portato all'ideazione di numerosi sotterfugi per ingannare i motori di ricerca, sono state ideate, per provare a eludere il controllo degli algoritmi, abominevoli catene di scambi link fra tre, quattro, cinque o anche più siti web!

Questo non vuol dire che si deve abbandonare la pratica dello scambio link ma, come in tutte le cose, ci può essere l'eccezione che conferma la regola, se conoscete uno o pochi siti amici che trattano argomenti simili o in qualche modo correlati o analoghi al vostro potrebbe essere utile iniziare una collaborazione, potete provare contattare i proprietari e proporre loro uno scambio link, magari solo in homepage e non in tutto il sito, utilizzando a limite il tag "no follow", dopotutto segnalare un sito che per voi è valido può solo essere di interesse per i vostri lettori!

Come alternativa allo scambio link potete optare per lo scambio articoli. Provate a proporre ad altri blogger, con progetti di qualità e autorevolezza paragonabili al vostro, uno scambio di articoli in cui descrivere ognuno il blog dell'altro; o anche uno scambio di guest post che trattino argomenti di comune interesse presentati possibilmente in modo che sia evidenziato un punto di vista diverso rispetto alla linea editoriale predominante del blog ospitante. È buona norma programmare la pubblicazione dei pezzi non troppo ravvicinata nel tempo. Questa soluzione, se gestita bene, senza esagerare, risulterà sicuramente di maggiore interesse per i lettori e allo stesso tempo sarà più rilevante in ottica SEO.

Il **guest post** è qualcosa che può anche non prevedere lo scambio degli articoli ma solo la partecipazione di un autore *ospite* su un blog "amico". Potreste offrirvi di scrivere dei contenuti di qualità per un blog o un sito del vostro settore in cambio dell'inserimento nel testo di un link che punti al vostro sito. Anche in questo caso sono usuali richieste economiche per la pubblicazione dell'articolo, ma attenzione, anche per questa attività vale quanto diremo più avanti sulla vendita di link, ai motori di ricerca non piace la crescita artificiale dei backlink.

Comunicati stampa.

Esistono portali online che consentono, previa registrazione, il più delle volte gratuita, la pubblicazione un comunicato stampa. Questi siti si rivolgono soprattutto a giornalisti e blogger in cerca di notizie e curiosità da pubblicare, ma anche ad aziende che intendono lanciare un nuovo prodotto.

Potete quindi valutare l'utilizzo di questo ulteriore canale sia per lanciare e diffondere una descrizione degli intenti del vostro blog sia per procurarvi qualche backlink di qualità. Naturalmente anche in questo caso valgono le raccomandazioni fatte sopra, non abusate di questo strumento e utilizzate un testo diverso ed originale per ogni sito al quale intendete segnalare il comunicato.

Procurarsi link spontanei/naturali.

Tutte le tecniche viste sopra non possono sostituirsi a e/o equiparare il valore dei link naturali, sia come numero che come qualità; basti infatti pensare a un solo articolo condiviso online anche solo cento volte, quanto tempo vi occorrerebbe per generare, da soli e senza "abusi", lo stesso numero di link?

Questo dato rende l'idea di quanto sia importante offrire contenuti nuovi, interessanti, originali, divertenti, approfonditi ma comunque sempre di qualità, perché è solo questo che persuaderà altri blogger e webmaster a citare il vostro articolo o il vostro blog.

Non serve aggiungere molto altro perché non è possibile avere il controllo su questo aspetto, d'altronde è umanamente impossibile, sempre che non abbiate a disposizione una TV, o un numeroso seguito di fan sui social, poter influenzare centinaia, se non migliaia, di persone convincendole che quello che avete da dire vale il loro tempo e un link al vostro blog.

Commenti sui Blog e Forum.

Il modo più semplice per procurarsi un backlink è sicuramente lasciare un commento su un blog o su un forum. Nonostante ormai quasi tutti i CMS, per fortuna, si siano adeguati, con l'inserimento automatico del tag *no follow* ai link lasciati nei commenti e nelle firme sui forum, questa pratica può ancora portare qualche vantaggio al vostro progetto web.

Si pensa infatti, e in parte lo si è provato, come accennato prima, che i motori di ricerca diano in ogni caso un certo valore, anche se non paragonabile agli altri, ai link no follow. Ma va preso in considerazione anche l'eventuale traffico che questi link possono condurre al vostro blog.

In relazione al tempo che avete da dedicare al progetto potete quindi valutare di utilizzare anche questa attività, a maggior ragione se siete già attivi frequentatori di forum e blog di settore. Fate attenzione però a non cadere nello spam! Leggete sempre gli articoli e le discussioni che desiderate commentare, partecipate allo scambio di idee, non lasciate commenti del tipo:

> *"Articolo interessante, venite a visitare il mio sito!"*

perché otterrete esattamente il risultato contrario a quello che vi augurate. La condivisione online è la cosa più importante e violare le "regole non scritte" della partecipazione in rete potrà avere solo conseguenze negative sui vostri progetti web.

Vendita e acquisto Link.

Se proprio non riuscite, in nessuno dei modi visti sopra, a costruivi un discreto numero di backlink quello che vi resta da fare, qualora vogliate o abbiate la possibilità di investire qualche soldo, è di comprare link o interi articoli (o venderli, ma questo lo vedremo più avanti nei capitoli dedicati al guadagno online).

Esistono sostanzialmente due modi per procedere in questa attività, il primo è contattare direttamente i gestori dei siti di vostro interesse e di esporre loro l'intenzione di acquistare uno spazio (link o meglio articolo). Se c'è interesse lasciate che siano loro a fare la prima proposta economica e trattate qualora non vi sembri adeguata.

Il secondo è rivolgervi ad una società di acquisto e vendita link, ne esistono diverse, in questo caso potrete scegliere fra i diversi siti presenti nei loro network e acquistare i link di vostro interesse in un articolo già esistente o in un eventuale nuovo articolo. I prezzi saranno però già fissati e comprenderanno anche la percentuale dovuta all'intermediario, oltre a quella del proprietario del sito. Solitamente per un link ancorato ad una parola chiave esistente in un articolo sono necessari dai 10€ (tasse comprese) in su al mese (dipende dalla popolarità e dalla qualità del sito che scegliete); per un articolo scritto da zero invece c'è da valutare un costo "una tantum" di almeno 50€ (tasse comprese).

C'è da sottolineare che questa attività, anche se prospera, nonostante in passato ci siano state numerose e pesanti penalizzazioni e ban nei confronti sia dei *venditori* che degli *acquirenti* dei link, continua a non piacere ai motori di ricerca, che investono con lo scopo di affinare sempre più le proprie *armi* per contrastarla. Nonostante tutto non è semplice per un algoritmo capire se un link è stato messo lì spontaneamente o a pagamento; e anche se a un *quality rater*[34] può nascere un sospetto su di un link ambiguo, e quindi segnalarlo al settore di competenza, potrebbero scattare penalizzazioni o altre sanzioni, anche senza prove apparenti o esplicite della violazione di una qualsiasi delle linee guida del posizionamento online (questo perché nel "meraviglioso" mondo dei motori di ricerca i concetti di democrazia, imparzialità ed equità o sono sconosciuti o volutamente ignorati).

Social Network e Passaparola.

Non servono solo backlink, SEO e condivisioni per aumentare le visite al proprio blog, a volte è più utile semplicemente muoversi alla "vecchia maniera", favorendo e stimolando il "passaparola".

La semplicità di pronuncia del nome a dominio è fondamentale per permettere alla gente di parlarne e

---

34 Letteralmente "valutatore di qualità", è una figura professionale che setaccia le pagine dei risultati di ricerca per valutarne la qualità, attuare penalizzazioni o ban manuali e offrire un feedback a chi elabora gli algoritmi.

questo è stato il principale, e fondamentale, errore che ho fatto con kyweek.com... ma come mi venne in mente!

Infatti nonostante abbia raggiunto con quel progetto un discreto volume di traffico erano pochissime le visite dirette e quelle provenienti dalle parole chiave di brand (quelle che contengono interamente o in parte il nome di un sito, approfondiremo in nel prossimo capitolo le fonti di traffico).

Oggi basarsi solo sui motori di ricerca è infatti una strategia folle, algoritmi lunatici e presunzione di onnipotenza potrebbero affossare il vostro lavoro di anni in una notte, invece se offrite alla gente un motivo per parlare del vostro blog, differenziando il più possibile le fonti di traffico, l'eventuale perdita di una di esse non sarebbe così più una tragedia.

Ed è qui che entrano in gioco i social network... per rendere più semplice alla gente parlare di voi... Facebook, Linkedin, Pinterest e Twitter potranno e dovranno essere la vostra voce, il modo con cui parlare ai vostri utenti ma soprattutto un canale diretto, e in entrambi i versi, di comunicazione.

Aprire un profilo "social" e lasciarlo a se stesso però non serve, se non potete controllare i vari canali usatene solo uno o due. Comunicate continuamente con i vostri fan, giocate con loro come giochereste con i vostri contatti personali, non condividete con loro solo i link agli articoli che pubblicate (altro mea culpa...) ma rendeteli partecipi...

Torneremo sui social network nei prossimi capitoli, in modo da comprendere come utilizzare ognuno di essi nel modo migliore, ogni social network ha un suo tipo di utenza, gli utenti che potreste intercettare su Linkedin non sono gli stessi che frequentano Pinterest, Facebook e Twitter sono un po' più orizzontali ma ognuno di questi ha modi e tempi diversi nella comunicazione e nella condivisione per raggiungere il proprio pubblico nel modo migliore e più efficace possibile.

Capitolo 15. Fonti di traffico.

Adesso che stiamo lavorando per portare traffico al nostro blog dobbiamo capire come leggere e poi analizzare (nel prossimo capitolo) i dati che ci fornisce il sistema di tracciamento, che sia Analytics di Google o qualsiasi altro. Questa attività è molto importante non solo statisticamente ma soprattutto perché in questo modo è possibile capire da dove vengono i nostri lettori, cosa apprezzano o perché se ne vanno.

Le fonti di traffico possono essere riassunte sostanzialmente in 3 tipi: il traffico diretto, quello proveniente dai motori di ricerca e quello proveniente da altri siti.

Il traffico diretto è quello generato dagli utenti che digitano l'indirizzo del nostro blog direttamente nella barra degli indirizzi del browser (o ci arrivano da un "segnalibro" precedentemente salvato), quindi si tratta per la maggior parte di persone che già conoscono il sito o, in percentuale minore, qualcuno a cui è stato consigliato tramite passaparola.

Il traffico proveniente dai motori di ricerca è quello più ambito perché qualitativamente migliore. Infatti se un utente arriva su una pagina digitando una determinata frase chiave è perché evidentemente è interessato all'argomento trattato. Lavorare per ottimizzare il posizionamento del sito sui motori di ricerca è una delle attività che a lungo termine può portare i risultati migliori. Attenzione però, a volte i motori di ricerca si comportano come adolescenti permalosi; un semplice sospetto di "attività SEO illecita" può portare ad una penalizzazione e a un conseguente crollo delle visite, come abbiamo visto nel capitolo precedente.

Il traffico proveniente da altri siti (referral) è importante, oltre che per le visite generate, per il valore dei link in entrata. Questo traffico può essere a sua volta suddiviso in traffico da altri blog o siti (che citano linkando una pagina interna al nostro blog, importantissimo a livello SEO) e traffico proveniente dai social network. In quest'ultimo caso è interessante capire come arrivano le visite (per esempio se da pagina fan, un account Twitter o dal passaparola e dalla condivisione spontanea fra gli utenti) per ottimizzare tali fonti e gestirle nel miglior modo possibile, chiedendo, se il budget lo consente, l'aiuto a un Community Manager[35].

---

35 Il community manager (online community manager) è un addetto alla gestione di una comunità virtuale (detta anche comunità online), con i compiti di progettarne la struttura e di coordinarne le attività. (Fonte Wikipedia).

Queste fonti di traffico sono considerate naturali in quanto non necessitano di un investimento economico diretto, c'è dietro del lavoro per ottimizzare il loro rendimento, ma possono essere considerate grossomodo stabili, nel senso che se si procede con una certa continuità a gestirle è verosimile aspettarsi un costante aumento della quantità di visite.

Esiste anche la possibilità di portare traffico a un sito acquistando pubblicità con diverse modalità: pagando per ogni singolo click (per esempio PPC - pay per click - sui motori di ricerca o tramite inserzioni sponsorizzate su Facebook), pagando per un banner o un link su un sito in base alle visualizzazioni (PPI - pay per impression) o per un periodo definito di tempo o anche pagando un altro sito per avere un articolo sponsorizzato pubblicato. Non è difficile comprendere che il traffico generato da questo tipo di investimento è legato all'investimento pubblicitario stesso, quindi nel momento in cui si "stacca la spina" il traffico generato si esaurisce di conseguenza. Possono esserci comunque dei benefici a lungo termine in questa attività nel caso, per esempio, che un utente arrivato tramite una pubblicità sia talmente soddisfatto dalle informazioni trovate da linkare disinteressatamente il contenuto; in uno dei miei siti è capitato, ma è solo una possibilità.

Capitolo 16. Analisi del traffico

L'analisi del traffico e dei dati statistici di un sito internet è una parte fondamentale del lavoro del blogger e del consulente di web marketing. A volte, per mancanza di tempo o per pigrizia, questa fase viene trascurata, ma la comprensione di come si comportano gli utenti sul proprio sito web e la lettura dei dati statistici è una fonte di informazioni di primaria importanza per lo sviluppo futuro dei contenuti e del blog stesso.

Prima di tutto però cerchiamo di capire quali sono i dati da tenere sotto controllo e la relativa terminologia tecnica.

Pagine viste: ogni volta che qualcuno arriva sul sito o si sposta da una pagina all'altra viene conteggiata una visualizzazione di pagina. Questa è una misura aleatoria del traffico di un sito perché il contatore sale di uno anche se lo stesso visitatore torna molte volte sul nostro sito. Ha comunque un suo valore, perché avere una media di pagine viste per visita molto bassa è indice di un contenuto di scarsa qualità, e quindi i visitatori tendono ad andare subito via dal sito (vedi di seguito la frequenza di rimbalzo).

Visite (sessioni): ogni volta che un utente arriva su un sito viene conteggiata una visita a prescindere dal numero di pagine viste. Ogni sessione ha inizio quando l'utente apre il sito e finisce quando lo abbandona, quando chiude il browser o quando resta inattivo per almeno 30 minuti.

Visitatori unici: questa è la statistica più importante, ci dice quanti utenti unici hanno visitato il sito in un determinato periodo di tempo (giorno, settimana o mese), quindi anche se un visitatore torna sul sito più volte nel periodo osservato viene conteggiato una sola volta.

Pagine/sessione: questo parametro indica il numero di pagine che un visitatore consulta durante ogni sessione. Più alto è questo numero, meglio è, perché significa che gli utenti apprezzano i contenuti del sito e restano più tempo a visitarlo.

Durata media della visita: questo dato indica quanto tempo gli utenti trascorrono su un sito durante una sessione. Il tempo medio è solitamente basso, dell'ordine di pochi (3-5) minuti o anche meno. Anche qui più alto è, meglio è. Attualmente uno dei siti che che riesce a "trattenere" i propri utenti molto a lungo è Facebook con una media di circa 20 minuti per visita.

Frequenza di rimbalzo: questa percentuale indica il numero di persone che "rimbalzano" fuori dal sito. Cioè quando un utente visita una pagina e poi va subito via perché si rende conto che è nel posto sbagliato. Più bassa è questa percentuale meglio è; la frequenza di rimbalzo media si aggira fra il 50% ed il 60%, generalmente i blog stanno sopra, i forum ed i social network sotto.

Percentuale di nuove visite: è una misura della percentuale del traffico da parte di utenti che arrivano sul sito per la prima volta. Questo dato dipende molto dalla natura del sito web. Un blog avrà una percentuale di visitatori nuovi molto elevata, un e-commerce o un forum più bassa (se si è stati bravi, inferiore a quella dei visitatori di ritorno).

Google Analytics.

La maggior parte dei siti internet utilizza Google Analytics per monitorare il traffico. Il servizio è gratuito, nonostante sia uno dei migliori in circolazione, il prezzo è rinunciare a un altro pezzettino della nostra privacy (in questo caso del nostro blog).

Usare Analytics è molto semplice, basta registrarsi e inserire il codice di tracciamento su ogni pagina del sito. Anche se molte società di hosting offrono dei software di tracciamento, e quindi è probabile che sul vostro spazio web ne sia già presente uno, è meglio utilizzare sempre anche Google Analytics.

Una volta configurato lasciategli qualche giorno di tempo per raccogliere i dati. Ma se siete proprio impazienti potete iniziare a dare un'occhiata ai rapporti "In tempo reale".

Conoscere i dati.

Quando iniziate ad analizzare i numeri, la prima cosa di cui dovreste tenere conto, oltre alle variabili viste sopra, sono le sorgenti di traffico. L'indicazione della provenienza degli utenti ci aiuterà a capire quali contenuti e quali strategie sono vincenti.

Prima che Analytics, dall'inizio del 2012 circa, introducesse la politica del "not provided" (nascondendo la quasi totalità dei termini di ricerca visualizzati nei report, adducendo come motivazione la protezione della privacy degli utenti) avevo un approccio quotidiano con l'analisi dei dati offerti da questo strumento.

Ogni mattina per prima cosa studiavo le statistiche del giorno precedente per programmare le attività da svolgere: quali articoli scrivere, come interagire con i fan sui social network, a quali notizie dare maggior risalto. Il mio approccio tecnico-statistico mi aveva però portato in una situazione "pericolosa", infatti il 90% del traffico proveniva proprio dai motori di ricerca, sarebbe bastato un "intoppo" con questi ultimi per far crollare gli accessi al sito.

Per questo l'ideale è lavorare in modo equivalente sulle diverse sorgenti di traffico, non trascurando i social network.

Come analizzare il "not provided".

Ci sono diversi metodi per superare la limitazione delle parole chiave "nascoste" da Analytics, purtroppo nessuna di queste è efficace al 100%. Sicuramente il modo migliore per capire quali sono i termini di ricerca che gli utenti digitano su Google per trovare il vostro sito è quello di utilizzare lo strumento gratuito Search Console[36] o, nel caso di Bing, l'analogo strumento per i webmaster[37].

In Analytics invece io preferisco aggiungere la *"pagina di destinazione"* come *dimensione secondaria* nella scheda Acquisizione > Tutto il traffico > Canali > Organic Search. Anche se in questo modo non è possibile sapere con certezza quali sono le parole effettivamente digitate dagli utenti, ma le si potrà intuire, si sapranno inoltre quali sono le pagine del sito più visitate dagli utenti provenienti dai motori di ricerca potendo in questo modo migliorare e aumentare i contenuti di quegli specifici argomenti.

Misurare i canali sociali.

Da qualche tempo Analytics ha scorporato dai "referral" i social network raggruppandoli in un canale a parte, facilitando in questo modo la lettura dei dati. Il giusto equilibrio fra canali sociali e motori di ricerca dovrebbe essere 50-50, ma anche questo è una stima azzardata perché il web è molto vario le situazioni possono differire molto le une dalle altre.

36 https://search.google.com/search-console
37 https://www.bing.com/toolbox/webmaster

Tracciare le campagne Google Ads.

È possibile collegare un account Analytics a uno o più account Google Ads, questo consente di tracciare le eventuali campagne pubblicitarie attive in modo più approfondito, non avendo per le parole chiave a pagamento la limitazione del "not provided".

Quanto traffico riuscirete a ottenere e quanto questo sarà di qualità dipenderà da che tipo di pubblico intercetterete e dal vostro sito web o blog. Conoscere però i dati statistici, analizzarli e interpretarli correttamente è molto importante, ma ciò che è più importante è aver ben presenti quali sono gli obiettivi che intendente raggiungere. Le strategie da implementare saranno diverse se vi interessa creare un circuito di utenti/clienti fedeli o, al contrario, se preferite focalizzarvi principalmente sul numero assoluto di utenti unici.

Modelli di attribuzione.

Con l'enorme aumento dell'utilizzo di internet negli ultimi due decenni i vari sistemi di tracciamento e analisi dei dati si sono trovati a dover analizzare e gestire sempre più dati, sempre più complessi. Questo è diventato un problema soprattutto per chi fa investimenti pubblicitari online, in quanto è di estrema importanza capire se questi abbiano un ritorno (ROI, ritorno sull'investimento) economico positivo.

La quasi totalità degli e-commerce infatti investe in diversi canali pubblicitari e spesso questi concorrono a guidare l'utente verso la conversione e quindi l'acquisto online.

Per questo i software di tracciamento hanno dovuto aggiornare i loro sistemi dato che non aveva più senso considerare solo l'ultima interazione (last clik) del cliente/utente prima di compiere l'azione per la quale si è pagata la pubblicità (acquisto, registrazione, ecc...).

Sono stati così testati e introdotti i cosiddetti "modelli di attribuzione" che servono al data analyst (colui che si occupa di analizzare e interpretare i dati) e al reparto di web marketing per capire se effettivamente le varie campagne pubblicitarie stanno generando profitti.

Anche se si tratta di un argomento più inerente al web marketing è giusto perlomeno farne cenno in questo libro, in modo da dare, a chi si appresta a partire con un nuovo progetto web, un'infarinatura più ampia sull'analisi dei dati.

I modelli di attribuzione sono un insieme di regole che i software di analisi utilizzano per *attribuire*, appunto, una conversione a un canale di traffico piuttosto che a un altro oppure, per quelli più "avanzati" a come dividere il valore di quella conversione fra i canali che hanno contribuito a portare il cliente/utente all'acquisto su un sito web.

Immaginiamo quindi che un utente abbia acquistato un prodotto e che nei 30 giorni precedenti alla transazione abbia cliccato su un annuncio su un social network (click A), poi inseguito da un annuncio di retargeting sia tornato sul sito (click B), in seguito abbia effettuato una ricerca su un motore di ricerca e cliccato su un annuncio pubblicitario (click C) e poi, qualche giorno dopo, convintosi, abbia cercato il nome del sito e-commerce (click D) e concluso l'ordine. Qualche anno fa si sarebbe attribuito tutto il merito della conversione all'ultimo clik (last click), ma sembra ovvio che, se l'utente non avesse fatto i passaggi A, B e C, il passaggio D non sarebbe proprio esistito. Quindi si è optato, a livello statistico, per dare un peso specifico a ogni passaggio (touch point[38]) che l'utente fa durante il suo percorso (customer journey) verso la conversione.

I modelli di attribuzione sono, partendo dai più semplici:

- **Ultimo click** (last click), il 100% del valore della conversione viene attribuita all'ultimo click.

- **Primo click** (first click), il 100% del valore della conversione viene attribuito al primo click.

- **Lineare**, il valore della conversione viene attribuito in parti uguali a ogni touch point, nel caso precedente ogni passaggio (A, B, C, D) ha un

---

38 Sono i punti di contatto in cui il potenziale cliente è entrato in relazione con l'azienda attraverso un click su un annuncio, un banner, un post, ecc...

valore del 25%. Ci possono essere casi anche di 10 o più touch point in una conversione.

- **Decadimento temporale**, viene attribuito in percentuale più valore ai click recenti rispetto a quelli più lontani nel tempo.

- **In base alla posizione** (U model), si dà più valore al primo e all'ultimo click nel processo di acquisto (30%-40% al primo e all'ultimo click e il restante agli eventuali click intermedi), nell'esempio precedente potrebbe essere 40% A, 10% B, 10% C, 40% D.

- **Basato sui dati**, in questo caso è un algoritmo di intelligenza artificiale che in base ai dati storici riesce a stabilire con sempre più precisione quale impatto abbia dato ogni singolo touch point nel portare l'utente alla conversione, attribuendo quindi in maniera dinamica a ognuno di essi una percentuale del valore della conversione.

Questi sono solo alcuni dei modelli di attribuzione esistenti, è abbastanza chiaro e scontato quanto i primi due e il decadimento temporale siano ormai anacronistici. Il lineare può avere ancora senso in determinate circostante ma quelli oggi più utilizzati sono sicuramente quelli basato sulla posizione e sui dati.

In conclusione.

Conoscere e saper analizzare i dati statistici del proprio sito web non è solo importante, è anche obbligatorio se volete sapere quanto sono o non sono efficaci i vostri sforzi nella creazione dei contenuti e/o le vostre azioni di web marketing.

È solo grazie all'analisi regolare del traffico e del comportamento degli utenti sulle pagine del vostro sito che riuscirete a capire se e quando c'è un problema, come un basso tasso di conversione, una pagina non funzionante o un link errato.

Se non avete il tempo o le giuste competenze per affrontare un'analisi attenta ed approfondita costante nel tempo e il vostro business online stenta a decollare dovreste iniziare a valutare l'idea di assumere un consulente esperto.

Capitolo 17. Elementi SEO

La SEO (Search Engine Optimization, ottimizzazione per i motori di ricerca) è l'insieme di quelle attività che mirano a migliorare il posizionamento di un sito internet nelle pagine dei risultati dei motori di ricerca (SERP). Negli anni la SEO si è andata evolvendo di pari passo all'evoluzione dei motori di ricerca e ciò che era vero già solo 5 anni fa non è più vero oggi.

Digressione personale.
Prima di analizzare gli elementi base, vorrei chiarire la mia posizione in merito alla "disciplina" SEO, dato che è piuttosto controversa e in contrasto con quanto sostenuto da coloro che si reputano, a torto o ragione, esperti della materia.

Credo che si possa agire sistematicamente per migliorare il posizionamento di un sito web, ma se non si lavora dando precedenza al contenuto e alla qualità dello stesso, si incorrerà ben presto in qualche "penalizzazione". I motori di ricerca infatti sono costantemente al lavoro per offrire ai loro utenti i risultati migliori possibili, quindi continueranno a elaborare algoritmi sempre più complessi che tenderanno semplicemente a non tener più conto degli aspetti manipolabili direttamente dai "SEO"[39] (o presunti tali) e a penalizzare pagine costruite e posizionate artificialmente.

Qualcuno ha scritto più volte che "la SEO è morta", io non credo che la SEO sia morta, credo semplicemente che non sia mai esistita così come "l'immaginario collettivo" la definisce, le azioni che di solito vengono compiute per migliorare il posizionamento di un sito dovrebbero far parte della normale attività di creazione, sviluppo, gestione del sito stesso. Tutto il resto deve essere focalizzato al contenuto o sarà tempo sprecato e tanti soldi buttati al prossimo aggiornamento degli algoritmi. Bisogna semplicemente essere naturali e pensare agli utenti che dovranno usufruire del sito non agli spider dei motori di ricerca.

Più importanti, probabili, fattori che influenzano il posizionamento.

Esistono centinaia, se non migliaia, di fattori che determinano il posizionamento di una pagina nei risultati di ricerca. Questi sono in continua evoluzione, molti di questi sono sconosciuti, altri solo intuiti, altri cambiano da motore a motore. Cerchiamo di vedere in questo capitolo quali sono i più importanti e come agire per

---

39 Search Engine Optimizer

cercare di migliorare il posizionamento del nostro sito web, soprattutto senza fare danni.

Contenuto.

Penso si sia capito che il punto principale, il fulcro del successo su internet è avere qualcosa da dire, il contenuto: un articolo, un gioco, un sito di comparazione, qualsiasi cosa che sia d'aiuto o faccia divertire un'utenza più o meno vasta. Ovviamente questa utenza deve esistere, altrimenti creare contenuto, per quanto di qualità possa essere, è inutile se non interessa a nessuno. Non credo ci sia bisogno di ripeterlo, i contenuti devono essere originali e inediti.

Anzianità ed Autorevolezza.

La prima cosa che salta agli occhi dei "profani" è che i primi posti dei risultati di ricerca sono occupati da siti "autorevoli", questo perché uno dei più importanti fattori di ranking è l'autorevolezza del sito stesso. Probabilmente è sbagliato considerare questo come un singolo fattore di posizionamento perché per guadagnare autorevolezza c'è bisogno di lavorare bene per parecchio tempo.

Anno dopo anno, articolo dopo articolo, aggiornamento dopo aggiornamento, un sito acquisisce fiducia agli occhi degli utenti così come dei motori di ricerca, quindi questi iniziano ad attribuirgli un peso (trust rank) per cui una pagina pubblicata su questi domini ha "di partenza" una posizione migliore rispetto a un sito appena aperto.

Costanza e Continuità.

Per aumentare questa fiducia c'è da lavorare con costanza e continuità, cercando di favorire l'interazione e pubblicando contenuti di qualità abbastanza elevata da essere citati (linkati) da altri siti. Per questo c'è bisogno di tempo e cercare di velocizzare il processo con metodi artificiosi (per esempio link building) può far più male che bene. Soprattutto nel lungo periodo.

Quindi riassumendo, possiamo considerare per il momento questi fattori di ranking: il tempo di attività del sito (che attenzione non è il tempo trascorso dalla data di attivazione del dominio), la qualità e la quantità dei contenuti, la periodicità di aggiornamento (che sia quanto più costante possibile), i link naturali ricevuti.

Struttura e velocità di caricamento del sito.

A questi possiamo aggiungere altri fattori prettamente tecnici, come la struttura del sito, la pulizia del codice, la velocità di caricamento delle pagine, struttura e lunghezza dell'URL, qualità e dimensioni delle immagini e relativi tag descrittivi, presenza di una mappa del sito, sicurezza (SSL, HTTPS)

Parole chiave e campo semantico.

Possiamo citare ancora le parole chiave che definiscono il "campo semantico" del sito o della pagina in questione, questo non significa quante volte usiamo una determinata parola chiave in un testo (keywords density), ma come le parole chiave utilizzate sono in relazione fra loro, con il resto del sito e con i link (interni ed esterni) in uscita ed in entrata. Il discorso sulle parole chiave è molto complesso e a mio parere è uno dei punti più importanti degli algoritmi dei motori di ricerca funzionali.

L'autorevolezza di un sito è quindi correlata al suo "campo semantico", un sito molto autorevole che non ha un argomento specifico (pensiamo ai siti dei quotidiani nazionali) difficilmente si posizionerà, ammesso che abbia scritto un articolo a riguardo, prima di un piccolo blog che ha però un focus ben preciso per ricerche fatte con una frase chiave composta da 3 o più parole molto pertinenti relative a quel campo semantico. Anche se per ricerche più generiche (3 o 2 parole) probabilmente prevarrebbe.

Per ricerche ancora più generiche invece spesso prevale Wikipedia, infatti i motori di ricerca attribuiscono a queste ricerche una finalità conoscitiva/esplorativa e quindi cercano di fornire una definizione semplice ed immediata. Sarà poi l'utente stesso ad approfondire se ne sente l'esigenza aggiungendo altri termini di ricerca alla sua query.

Link naturali in entrata.

Il fattore più importante, e qui pare che ci sia un accordo unanime degli "addetti ai lavori", sono i link in entrata, sempre però che questi siano naturali e non creati artificialmente dal webmaster. Una qualsiasi azione forzata e innaturale di link building è ormai inutile se non dannosa.

Quanto più questi link siano in tema con il "campo semantico" del sito e quanto più la fonte dei link è autorevole tanta più autorevolezza viene trasferita alla pagina linkata e ovviamente, di conseguenza a tutto il sito che la contiene.

I link migliori sono sicuramente quelli provenienti da siti istituzionali (.gov, .edu, ma non solo) e da siti già autorevoli e concorrenti per la stessa/le stesse SERP. Per esempio essere citati fra le fonti di una voce su Wikipedia.

Altri elementi significativi.

- CTR migliore in SERP.

- Valutazione manuale da parte di un Quality Rater.

- Dati statistici da Chrome e Analytics. Frequenza di rimbalzo, traffico diretto, traffico di ritorno, miglioramento tramite campagne cpc, segnalibri in chrome

- Mobile friendly. Con l'enorme diffusione dei dispositivi mobile come smartphone e tablet, abilitati alla navigazione online, un po' in ritardo, i principali motori di ricerca hanno iniziato a favorire nei risultati di ricerca i siti "responsive", cioè quelli che si adattano automaticamente alle dimensioni dello schermo del dispositivo utilizzato. Ovviamente questo "boost" non viene concesso se la ricerca viene effettuata da un computer.

Ma allora come dobbiamo ottimizzare il nostro sito?

Quello che farei, che ho fatto e faccio con i miei nuovi siti (principalmente blog), è sostanzialmente questo: innanzitutto sistemo strutturalmente il sito in modo che sia immediato, pulito, veloce, esteticamente piacevole e senza errori HTML (con Wordpress, come abbiamo visto precedentemente nel libro, occorre mezza giornata con i giusti plugin e un template fatto bene). Inserisco subito anche una pagina di contatto con un form e/o tutte le informazioni necessarie.

Poi inizio a scrivere, a pubblicare contenuti cercando di mantenere una certa regolarità (non serve pubblicare 10 articoli il primo giorno e poi scomparire per due mesi). Cerco di legare i primi contenuti che scrivo attraverso link costruendo quel campo semantico di cui abbiamo parlato poco sopra; col tempo e con l'aumentare di pagine questo può essere rafforzato o legato ad altri campi semantici correlati (meglio non andare oltre i 2 o 3). È così che si costruisce la "personalità" del blog/sito web e la relativa autorevolezza.

Ricordo che, qualche anno fa, ad inizio-metà anni 2000, la prima cosa che "gli esperti" consigliavano di fare, era link building e scambio link, ed effettivamente allora funzionava, ed ha funzionato, parzialmente, almeno fino al 2012. L'unica azione esterna che avrebbe senso continuare a fare è, dopo aver pubblicato abbastanza contenuto sul sito, di cercare di procurarsi alcuni link da siti esterni in maniera quanto più naturale possibile, preferibilmente tramite "guest post".

Quinta Parte: Social Network

Capitolo 18. I Social Network

Prima del 2008, anno in cui Facebook è diventato quello che è diventato, Internet era un posto migliore.

Non che Facebook abbia rovinato Internet, ha però contribuito a rendere questo mondo più accessibile alle masse, in parallelo alla rivoluzione mobile che è iniziata più o meno nello stesso periodo a partire dal lancio del primo iPhone nel 2007.

In precedenza internet era frequentato da una minoranza di adottatori precoci che dalla fine degli anni '90 avevano iniziato a popolare la rete riempendola di contenuti: siti, blog, forum e alcuni meravigliosi browser game.

L'avvento dei social network oltre ad aver promosso l'utilizzo di internet presso un pubblico più ampio e generalista ha, nel corso di pochi anni, sconvolto l'utilizzo, in termini di tempo e soprattutto di attenzione, della rete.

A chi c'era prima pareva non essere vero ritrovarsi online con amici improbabili e vecchi compagni di scuola che non si sentivano o vedevano da molti anni. Chi è arrivato durante e dopo non ha mai compreso cosa potesse essere prima la rete senza Facebook, Twitter, Youtube e per un periodo anche Google.

Da quel punto della storia del web in poi, la cosa più preziosa online è diventata l'attenzione degli utenti. La rete era cambiata, non era più un luogo dove prevalentemente l'utente navigava per cercare informazioni ma un luogo di svago, dove i grandi "player" avrebbero escogitato qualsiasi escamotage per trattenere per quanto più tempo possibile gli utenti sui loro siti e nelle loro applicazioni.

Oggi i social network sono dotati di complessi algoritmi il cui scopo è tenere incollati gli utenti agli schermi piccoli o grandi dei vari dispositivi, cercando di personalizzare quanto più possibile il feed di ognuno di essi.

I principali social network sono Facebook, Twitter, Pinterest e, per quanto riguarda il mondo del lavoro, Linkedin. Nonostante vari tentativi falliti (come per esempio Orkut e Google+) Google è rimasto fuori dai giochi, anche se YouTube è considerato, a torto o a ragione, un social network a tutti gli effetti.

Purtroppo rispetto a qualche anno fa è diventato sempre più difficile ottenere visibilità su queste piattaforme in modo organico e naturale. È diventato infatti sempre più difficile, per non dire impossibile, raggiungere una massa critica di utenti senza utilizzare le inserzioni e i post sponsorizzati; se non in rari casi, le eccezioni che confermano la regola. (Come afferma anche Brendan Kane nel suo libro "<u>One Million Follower</u>"[40])

Andiamo adesso ad analizzare velocemente i principali social network e l'utilizzo che possiamo farne all'interno del nostro progetto online. Innanzitutto è necessario prima capire se si intende utilizzare il proprio nome o bloggare in modo anonimo e/o utilizzando uno pseudonimo o un nome di fantasia.

Facebook

Le funzionalità principali di Facebook, quelle che più probabilmente andremo ad utilizzare sono tre: profilo, pagina e gruppo.

Il **profilo** ha senso soprattutto se si ha intenzione di pubblicare utilizzando la propria identità, in questo caso si può anche utilizzare un profilo già esistente andando a gestire le impostazioni di visibilità dei singoli post, le liste di amici e i "followers". Il limite del profilo è che si possono aggiungere al massimo 5000 amici (in tale limite non sono compresi i followers, il cui funzionamento è simile ai "like" alle pagine, questi vedranno solo i contenuti visibili a "tutti"). Oltre tale limite si può decidere di trasformare il profilo in una pagina.

---

40 Benbella Books, Dallas TX, 2018-2020

La **pagina** è la scelta migliore in quasi tutti i casi, sia che si voglia pubblicare con la propria identità (ci si può arrivare anche in un secondo tempo, trasformando appunto il proprio profilo in pagina) sia che si voglia utilizzare un personaggio di fantasia, uno pseudonimo o un'entità fisica/astratta come un'azienda, un blog, ecc...

I **gruppi** diventano indispensabili per intrattere una conversazione diretta e continua con i propri seguaci e utenti. Si possono usare in molti modi diversi, penso per esempio a un gruppo "chiuso" dedicato solo agli utenti "VIP", un gruppo aperto che parla della pagina o in supporto al personaggio pubblico o che tratti di uno o più argomenti correlati.

Twitter

L'idea iniziale di Twitter è quella che fra i social network mi ha affascinato di più. Il fatto di poter postare solo brevissimi pensieri è di fatto un vantaggio nell'era della comunicazione veloce. La possibilità di creare discussioni in tempo reale con sconosciuti da tutto il mondo sui più svariati argomenti seguendo i vari flussi di hashtag è una cosa che non ha mai avuto precedenti nella storia dell'umanità.

La possibilità di trovare idee e ispirazioni per i propri articoli è esponenzialmente amplificata su questa piattaforma, soprattutto se si cercano informazioni di attualità su argomenti come la politica, la società e lo sport.

Purtroppo non ci sono solo lati positivi in questa piattaforma, spesso la velocità dei Tweet è troppa, il sovraccarico da informazioni è dietro l'angolo e lo spreco di tempo prezioso è un pericolo da non sottovalutare, soprattutto per chi dovrebbe utilizzare quel tempo per creare contenuti per il proprio blog.

Pinterest

Pinterest è una piattaforma che ho seguito fin da subito. Mi ha sempre affascinato poter usare il potere artistico delle immagini e degli archetipi che esse rappresentano, soprattutto oggi che abbiamo la possibilità di "consumarne" migliaia, decine di migliaia, in poco tempo scorrendo col dito sugli schermi dei nostri dispositivi.

LinkedIn

LinkedIn è una community professionale. È sicuramente il social network numero uno nell'ambito della ricerca di lavoro in entrambi i sensi ma ho la sensazione che sia fintamente politicamente corretto per quanto riguarda i contenuti che circolano in esso. Su LinkedIn sono tutti più belli, tutti più colti, tutti più buoni, tutti più "green", tutti più giusti secondo i canoni delle mode e delle correnti "culturali" e pocamente "intellettuali" del mercato delle aziende più grandi del mondo, dalle big tech alle società di consulenza, di finanza, di produzione, ecc.

Da un certo punto di vista questo social network è il paradiso, da un altro è il luogo dove professionisti, impiegati, imprenditori e manager partecipano a discussioni con frasi sdolcinate piene di inglesismi che fanno figo, quando probabilmente se fossero "nella stessa stanza" si accoltellerebbero a vicenda.

Tant'è... la piattaforma è ben strutturata e "mantiene le promesse", è senz'altro utile per crearsi una cerchia di contatti in ambito professionale, è indispensabile sia per chi cerca lavoro sia per chi cerca talenti. A me personalmente piace poco, ci sono per esigenze lavorative ma la utilizzo moderatamente. Sono comunque riuscito, grazie a LinkedIn, a entrare in contatto con moltissimi professionisti del mio settore e sono incappato, a volte, in interessanti opportunità professionali. Capisco quindi che, se qualcuno abbia la voglia o la necessità di mostrare al mondo qualcosa di diverso, o di migliore, di quello che è, LinkedIn è il canale perfetto. Tuti pronti a sovrascrivere la propria identità sfoggiando nella descrizione del proprio "impiego" paroloni in lingua straniera in gran parte insignificanti o utilizzati in contesti fuori luogo, quando in realtà si è vittime e meccanismi dell'ingranaggio dell'enorme sistema capitalistico liberale mondialista, che una volta aveva bisogno di operai non specializzati e oggi ha bisogno di sviluppatori, account manager e addetti all'assistenza clienti.

Rallentare

C'è una cosa che a me non piace dei social network ed è la frenesia e la velocità. Consiglio su questo argomento la lettura del libro di Cal Newport "Minimalismo Digitale"[41] e del classico "Walden" di Henry David Thoureau.

Vivere in questo modo frenetico non fa bene all'essere umano né da un punto di vista mentale, né da un punto di vista fisico, né, soprattutto, da un punto di vista spirituale.

In tutta l'evoluzione umana fino a poco più di 20 anni fa non si avevano contatti continui e costanti con così tante altre persone. Quando ero bambino e adolescente per comunicare con i miei coetanei o li chiamavo dal telefono di casa e ci davamo appuntamento in piazza, oppure semplicemente scendevamo in strada e bussavamo ai campanelli delle loro case.

La vita era più lenta e più piena.

---

41 ROI Edizioni, Macerata 2019. Titolo originale: "Digital Minimalism", Portfolio/Penguin, New York 2019

Purtroppo le nuove generazioni non hanno proprio vissuto questa realtà.

Il mio desiderio sarebbe quello di tornare a un tipo di consumo delle informazioni più consapevole e più lento. I miei progetti vanno in questa direzione, la scrittura, la lettura, la poesia, l'arte.

Non riesco più, non lo tollero più quasi fisicamente, a seguire il flusso di notizie e notifiche che arrivano da tutte le parti.

Sul mio smartphone ho tolto tutte le notifiche sonore e vibranti, ho lasciato solo quelle luminose e visive sul display, e non per tutte le app, perché non riuscivo più a concentrarmi a fare qualsiasi cosa.

La mia idea, ma credo che sia rivolta a una minoranza di persone, è un ritorno al web 2.0, quello dei blog e dei forum, utilizzando i social network con parsimonia e senza affogare in sessioni di ore solo perché rapiti e ipnotizzati dai loro algoritmi.

Ovviamente la potenzialità di connessione che queste piattaforme ci offrono sono enormi, le idee viaggiano velocissime. **Ma il pericolo di non avere più il tempo di avere idee è molto più grave e incombente.**

Anche per questo ho deciso di scrivere le mie idee il più possibile su carta.

Capitolo 19. Utilizzare il propio nome o l'anonimato?

Una delle decisioni più importanti da prendere quando aprite un blog è sicuramente se usare o meno il vostro vero nome. Può essere una decisione complicata, perché ci sono pro e contro in qualunque cosa decidiate.

Non ci sono regole definite nella scelta, qualsiasi sfumatura fra completamente anonimo e il mettere completamente in gioco la propria identità potrebbe essere la scelta giusta.

Analizziamo qualche alternativa:

- Creare un blog con il proprio vero nome, con un dominio del tipo nomecognome.it, e promuoverlo in modo visibile sui canali sociali. Questo è quello che faccio con www.fabioporrino.it che utilizzo come sito web professionale, scrivo articoli riguardanti principalmente argomenti che hanno a che fare con il marketing e promuovo attraverso di esso i miei libri.

- Creare un blog con un proprio brand e scriverci come autore. È quello che facevo ad esempio su kyweek.com.

- Utilizzare uno pseudonimo o solo una parte nome. Potrebbe essere un nome totalmente inventato o un nomignolo, una parola derivata dal nome o dal cognome o che ne ricorda la pronuncia, la radice semantica o ne è l'anagramma.

- Una variazione a ciò potrebbe essere quella di creare un personaggio immaginario, un'entità terza come nei cartoni animati che avrà un suo carattere un suo modo di comunicare, una propria individualità insomma...

- Restare completamente anonimi. Alcuni blogger mantengono segreta la loro identità, cosa che fanno per tanti motivi.

Qual è l'opzione migliore?

Non esiste una scelta "giusta" e una scelta sbagliata. Quello che deciderete dipende da cosa vi fa sentire a vostro agio e da cosa si adatta meglio al vostro progetto editoriale.

Io ho provato un po' tutte le soluzioni presentate e in ogni circostanza ci sono state una o più variabili che mi hanno fatto propendere per una scelta o per un'altra. Ho dei blog che ho iniziato in modo anonimo che sono online da anni e che nessuno sa che sono miei, sono fermi ma il fatto di sapere che sono lì e che in qualunque momento possa tornare a scriverci su un po' mi conforta.

Le principali variabili da prendere in considerazione nel momento in cui state valutando se restare anonimi (e/o quanto anonimi essere) potrebbero essere:

L'argomento e il tipo di contenuto.

Alcuni argomenti invitano alla trasparenza, mentre altri no. E alcuni tipi di contenuti sono più personali di altri. Un sito in stile "come fare per", oppure un blog di tecnologia consentono all'autore di poter restare anonimo senza particolari inconvenienti; un blog personale, un sito professionale o uno di opinione devono essere necessariamente presentati con il proprio nome e cognome, né va dell'autorevolezza degli stessi.

Il mezzo (testo, audio o video).

Se il vostro progetto editoriale consiste nello scrivere post e utilizzare immagini stock, sarà relativamente facile nascondere la vostra identità. Ma se avete intenzione di realizzare video o podcast o anche di utilizzare foto personali nei vostri post, sarà più difficile rimanere anonimi.

I vostri piani a lungo termine.

Anche se potreste non sapere come evolveranno le cose nei prossimi anni, i vostri obiettivi a lungo termine per il blog potrebbero determinare la vostra scelta.

Ad esempio, se desiderate creare una piattaforma online per aiutare a vendere i libri che avete scritto, dovreste utilizzare il vostro vero nome (a meno che non utilizziate uno pseudonimo anche per il nome dell'autore). Ma se volete costruire un blog da rivendere dopo pochi anni, o che ha più autori, potrebbe essere meglio restare anonimi (o almeno mantenere l'attenzione sul contenuto invece che sull'autore).

I vostri metodi di monetizzazione.

Alcune strategie di monetizzazione possono essere facilmente utilizzate in modo anonimo. Ad esempio, è possibile monetizzare un blog tramite annunci sponsorizzati o link di affiliazione senza la necessità di usare il vostro nome reale o anche uno pseudonimo.

Ma se il vostro intento è quello di affermarvi come consulente, oratore o coach, i vostri lettori dovranno sapere chi siete. E se avete intenzione di diventare influencer, avrete bisogno di quella connessione personale con chi vi segue. Anche la vendita di ebook e/o altri prodotti digitali sarà più facile se il vostro pubblico sente di sapere chi siete.

La personalità.

Alcuni blogger godono delle luci della ribalta. Amano essere presenti negli elenchi dei "migliori blogger" e essere menzionati dai media. Ma sarà difficile diventare così popolare senza utilizzare il proprio nome.

Altri blogger invece sono felici di evitare i riflettori e potrebbero sentirsi piuttosto scoraggiati da questo tipo di riconoscimento. Se questo è il vostro caso, bloggare in modo anonimo o con un nome inventato potrebbe essere la soluzione migliore.

Le esigenze di privacy o sicurezza.

A seconda delle circostanze e dell'argomento, potrebbe essere vitale rimanere anonimi. Mi vengono in mente alcune categorie di blogger che scelgono (o sono costretti) per validissimi motivi di non usare il loro vero nome per vari motivi, per esempio chi lavora in ambito sanitario, legale, chi racconta di storie tragiche o violente di vita reale vissuta, chi parla di cose imbarazzanti, chi ha un impiego pubblico e non vuole/può mescolare il lavoro principale con i propri hobby.

Se ancora non siete sicuri c'è inizialmente una sola cosa da prendere in considerazione: si può sempre partire con uno pseudonimo o con l'anonimato e successivamente rivelarsi con la propria vera identità, fare il contrario non è possibile.

Infatti sono molti i blogger che iniziano a scrivere in modo anonimo e poi decidono successivamente di usare il proprio nome. E nulla vi impedisce di fare lo stesso.

Sesta Parte: Guadagnare

Capitolo 20. Monetizzazione

Creare un blog e iniziare a riempirlo di contenuti è solo il primo passo, sicuramente il più complesso e faticoso, ma non è finita qui. È arrivato il momento, a questo punto, di capire come monetizzare il lavoro fatto.

A questo proposito esistono sostanzialmente due approcci diversi: vendere pubblicità di terzi o vendere servizi/prodotti propri. Entrambe le opzioni hanno i loro pro e contro e una delle due non esclude l'altra se non in determinate situazioni.

Vendere spazi pubblicitari.

A differenza della TV la pubblicità online è solitamente meglio profilata ai contenuti della pagina che la ospita e al comportamento dell'utente online. Le grandi aziende della Silicon Valley infatti sanno molto (quasi tutto) degli utenti che utilizzano i propri servizi e in questo modo riescono a proporre loro annunci pubblicitari altamente targettizati alla persona che li vede piuttosto che al contenuto del sito visitato.

Questo succede sia sulle loro piattaforme (il feed di Facebook, la ricerca di Google, i video su Youtube) sia su siti terzi che fanno parte del network pubblicitario di questi giganti del web. Per entrare in questi circuiti pubblicitari c'è ovviamente bisogno di requisiti base che comunque non è molto difficile raggiungere, in particolare su Google AdSense.

Oltre ai servizi di questi colossi esistono diversi network di affiliazione che si propongono di fare da intermediari fra gli editori (publisher) e gli insersionisti (advertisers). Ne esistono diverse di piattaforme del genere, piccole e grandi, le più famose sono sicuramente Awin, Tradedoubler e il russo Admitad.

Ovviamente si possono trovare inserzionisti anche senza passare per intermediari vendendo direttamente all'azienda interessata uno spazio a tempo o a numero di visualizzazioni, ma questa soluzione è decisamente poco percorribile per i siti più piccoli. Quando i numeri poi iniziano a farsi più grandi è anche possibili affidarsi a una concessionaria pubblicitaria o a un'agenzia di pubbliche relazioni.

Oltre agli spazi pubblicitari c'è anche la possibilità di vendere contenuti, per esempio, è possibile vendere articoli e/o link sponsorizzati. Questa attività va comunque svolta con attenzione e parsimonia in quanto è territorio "border line" e potrebbe essere visto in maniera negativa dai motori di ricerca. Utilizzando le dovute cautele (con l'utilizzo dei tag nofollow nei link) è comunque un'attività che può portare discreti introiti e ottime soddisfazioni.

Questo è esattamente ciò che fanno gli influencer che vengono pagati (in modo più o meno esplicito) per pubblicare una foto o un post dove utilizzano o parlano di un determinato prodotto, servizio o brand.

Ovviamente quanti più followers/utenti/visitatori si hanno tanto più il compenso sarà cospicuo.

Vendere servizi e prodotti.

C'è però chi, per un motivo o per un'altro, non vuole vendere gli spazi del proprio sito a terzi. In questi casi come è possibile monetizzare il traffico?

L'unico limite in questo è la propria immaginazione e la propria audacia.

Per esempio nel mio sito www.fabioporrino.it (nato semplicemente come sito vetrina per il mio profilo professionale) oltre a promuovere me stesso come professionista, e quindi per attirare a me nuovi potenziali clienti; promuovo e vendo anche i miei libri. Nel mio caso non li vendo direttamente sul sito ma indirizzo gli utenti agli e-commerce dove possono più facilmente e più velocemente acquistarne una copia.

È possibile anche vendere direttamente i propri prodotti, penso per esempio a un artigiano o a un artista che vogliono proporre i propri manufatti e le proprie opere. In questo caso però non è più solo un'attività editoriale online ma si entra nel campo del commercio elettronico e quindi vanno espletati alcuni adempimenti fiscali e burocratici prima di poter iniziare in tranquillità, quindi il mio consiglio è quello di affidarsi a consulenti fiscali e aziendali esperti per farlo nel modo migliore possibile, ogni caso è singolo e va trattato con le conoscenze specifiche e solo un competente un professionista del settore può consigliarci nel modo migliore. Se vi si rompe l'automobile non la portate dal vostro meccanico di fiducia? E se dovete fare lavori in casa all'impianto elettrico o idraulico non vi rivolgete al professionista migliore che potete permettervi, oppure provvedete da soli o peggio vi affidate ad amici e conoscenti di dubbia competenza? Anche in ambito web è lo stesso, faccio mia una citazione anonima che è molto conosciuta online e spesso usata a sproposito, ma rende bene l'idea: "se credete che un professionista vi costi troppo è perché non avete idea di quanto vi costerà alla fine un incompetente".

Qui ovviamente stiamo andando oltre, non c'è bisogno di partire subito con un grosso investimento economico (a meno che non se ne abbia la possibilità), anche perché non possiamo sapere, per quanto sia possibile fare degli studi di mercato, se il progetto andrà bene o meno. Il mio pensiero è quello di partire con ciò che si ha a disposizione e cercare di crescere in modo lento e costante.

Quale soluzione scegliere?

In alcuni casi la scelta è obbligata, per esempio un sito di notizie o un blog di settore (qualsiasi esso sia, sport, cucina, tecnologia, gossip, finanza) difficilmente possono prescindere dall'utilizzo della pubblicità; in un momento successivo è comunque possibile scrivere un libro o creare una propria linea di merchandising da proporre ai propri utenti.

Dall'alta faccia della medaglia invece su un sito professionale, faccio riferimento al mio citato prima, sarebbe di cattivo gusto l'inserimento di pubblicità di terze parti. In questi casi sarebbe meglio valutare altre alternative, come quelle già citate di vendita link, articoli sponsorizzati, guest post e altro ancora. L'unico limite è la propria creatività.

"Gli uomini percepiscono soltanto quei limiti che possono imparare a superare. La percezione di un limite è sempre il primo passo del processo del suo superamento. Mentre i limiti che gli uomini non possono superare, non possono neppure percepirli in alcun modo."[42]

42 Igor Sibaldi, I Maestri Invisibili, Arnoldo Mondadori Editore, 1997, 20a ristampa 2015, p. 72-73

Capitolo 21. Metodi di remunerazione e tecniche promozionali

I metodi di acquisto e pagamento della pubblicità online sono vari e ognuno ha una sua logica e viene utilizzato in determinate circostanze.

Vediamo quali sono i principali:

- **PPC (Pay per Click)** è sicuramente il metodo più diffuso sia per quanto riguarda la pubblicità sui motori di ricerca si per quanto riguarda la rete display (verificare se abbiamo già definito altrove nel libro). In questo caso l'inserzionista paga l'editore ogni volta che un utente fa click su un annuncio, un link o un banner. Non importa quante volte questi vengano visualizzati

- Con il **PPI o CPM (Pay per Impression)** invece l'inserzionista paga un importo specifico, che solitamente viene quantificato per mille impressioni (da qui viene l'acronimo CPM - Cost per Mille), per le visualizzazioni degli annunci. Questo metodo di remunerazione è ormai considerato obsoleto in quanto molto più simile alla pubblicità offline (televisiva, cartellonistica), in quanto non tiene in considerazione la qualità del traffico ma solo la quantità. I network più grandi utilizzano ancora il PPI anche se sono sempre meno gli inserzionisti che sono disposti a pagare le impressioni invece che i click o le conversioni.

- Il **CPA, PPL, il PPS (Cost per Action o Cost per Acquisition, Pay per Lead e Pay per Sale)** sono modalità di remunerazione a performance (prestazione o rendimento). In questo caso l'editore viene pagato solo se l'utente proveniente dal proprio banner, link, o annuncio esegue un'azione specifica per esempio si iscrive a una newsletter o si registra sul sito (PPL) oppure effettua un acquisto (PPS). Questo è il metodo più gradito agli inserzionisti a cui ovviamente conviene pagare solo se gli utenti che arrivano dalle campagne pubblicitarie effettivamente compiono l'azione desiderata. Non tutti gli editori sono propensi ad accettare un accordo del genere e lo fanno di solito solo se gli inserzionisti sono affidabili e autorevoli. Questo è il concetto sul quale si basano la maggior parte dei programmi di affiliazione.

Come potete intuire ognuna di queste modalità di remunerazione ha una sua logica ed è maggiormente profittevole in una situazione piuttosto che in un'altra. Per esempio a un grosso sito generalista che fa milioni di visualizzazioni di utenti generici (come per esempio un sito di notizie o un portale di gossip) conviene sicuramente essere remunerato a PPI invece che a PPS. Al contrario un piccolo blog che tratta un argomento di nicchia con poche centinaia di visualizzazioni potrebbe guadagnare di più con un PPS piuttosto che contare i "millesimi" di euro che guadagnerebbe per le visualizzazioni.

Cercare di capire qual è il canale pubblicitario più adatto per il proprio blog è sicuramente il modo migliore per massimizzare il rapporto fra tempo dedicato al progetto e entrate economiche. A volte il rendersi conto che una strategia di monetizzazione è adatta al nostro blog può fare la differenza fra un progetto fallito e uno di successo.

Per esempio un piccolo blog che si occupa di un argomento di nicchia con 50 o 100 visitatori al giorno se volesse monetizzare tramite il PPI a 1€ o 2€ CPM, in un mese racimolerebbe pochi spiccioli. Lo stesso sito, con un'affiliazione in PPS e una commissione del 5% o 10% su un prodotto/servizio da 100€ o 200€ e una o due vendite a settimana, oppure la vendita di 3-4 link a 10€ al mese avrebbe un introito che inizia a essere interessante.

Epilogo e Appendici

Inventarsi un lavoro online

Non ci sono settori, attività o professioni che non possano trarre vantaggi da un progetto online. Sarebbe impossibile in un libro analizzare tutte le nomerose possibilità che internet può offrire, posso provare in ogni modo a immaginare alcune possibilità. Il limite è solo la vostra creatività e le esigenze del pubblico potenziale al quale intendete comunicare.

Di "mestieri" da inventarsi online ce ne sono potenzialmente infiniti, sia partendo da impieghi "tradizionali" sia volendo reinventarsi.

La figura più generica è sicuramente il blogger che si può declinare in modo diverso per ogni settore di attività, che può essere imprenditore di se stesso o dipendente di enti, aziende o associazioni. Il blogger le cui mansioni vanno dalla gestione della piattaforma software alla produzione di contenuti scritti, immagini, audio e video, alla gestione degli accordi pubblicitari.

Il blogger può essere giornalista, fotografo, artista, artigiano, commerciante, studente, professore, agricoltore. È colui che mette a disposizione le proprie conoscenze ed esperienze in modo gratuito a chi ha l'audacia di cercarle.

Mi viene da pensare a come ognuna di queste categorie, e tante altre che non ho citato, può trarre profitto dalla propria attività online iniziando con il dare senza chiedere nulla in cambio.

Per esempio, il fotografo che pubblica le proprie istantanee, mettendole a disposizione di tutti in cambio di una citazione, guadagna autorevolezza (come abbiamo visto nel capitolo 11). In questo modo avrà più probabilità di dare visibilità alle proprie opere migliori su siti specializzati che consentono di vendere immagini sia in formato digitale che come stampe, guadagnando una commissione.

Mi viene in mente l'artigiano che produce con le proprie mani oggetti di uso comune utilizzando materiali di una volta, oppure il pittore che può diffondere le proprie tele e provare a raggiungere estimatori potenzialmente sparsi in tutto il mondo.

Oppure il piccolo esercizio commerciale locale che, lavorando con amore e dedizione, diversamente dalla grande distribuzione, può piazzare i propri prodotti raggiungendo un pubblico di nicchia che difficilmente riuscirebbe a trovare nei dintorni geografici della propria sede.

Di idee e soluzioni se ne possono trovare innumerevoli, non dico che sia facile, anzi, chi non è pronto a mettersi in gioco "creando" qualcosa di unico (che sia concreto o astratto), qualcosa che non si possa produrre in massa abbattendo i costi, probabilmente resterà invisibile perché indistinguibile dalla folla.

In questo mondo globalizzato dove tutto può essere venduto o comprato al prezzo più basso possibile c'è ancora spazio per il piccolo imprenditore di se stesso che grazie al proprio ingegno può crearsi il proprio piccolo angolo felice dove concimare e prendersi cura del proprio sogno.

Appendice A. 20 consigli per superare il blocco dello scrittore.

Vi siete mai trovati di fronte ad una pagina bianca (di carta o digitale che sia)? Avete mai avuto difficoltà a mettere insieme le prime parole? Chiunque scriva per lavoro o per svago (blogger, giornalisti, copywriter e scrittori) è incappato almeno una volta nel "Blocco dello Scrittore".

Uscire da questa situazione psicologica non è facile e spesso si deve rinunciare a finire il lavoro nell'immediato per riprenderlo in un secondo momento. Prima di gettare la spugna date un'occhiata a questi 20 consigli, magari qualcuno potrebbe esservi utile per sbloccare la vostra vena poetica:

1. Non iniziate con un pagina vuota. Scrivete anche una solo una frase scomposta per lasciarvi guidare, buttate giù qualche appunto, così non avrete più di fronte una pagina vuota.

2. Leggete di più. Createvi una lista di Feed RSS dei blogger migliori del vostro settore e lasciatevi ispirare. E soprattutto leggete libri. Tanti libri. Di ogni tipo.

3. Scrivete quello che vi piace scrivere. Se avete un ronzio che vi spinge a scrivere di un determinato argomento, fatelo. Combattere con delle "idee fisse" non farà altro che peggiorare il blocco.

4. Non iniziate necessariamente con l'introduzione, se avete a mente il finale o i vari punti dell'articolo (paragrafo, capitolo, ecc...) iniziate con quelli, vedrete poi il resto fluire naturalmente.

5. Telefonate ad un amico e parlategli dell'argomento, vedrete che una volta terminata la conversazione il pezzo sarà delineato e pronto per essere scritto.

6. Non fate modifiche prima di finire, non bloccate il flusso creativo per correggere un errore di battitura o modificare una frase, le correzioni potete farle alla fine. Mi perdo molto spesso in questo errore.

7. Preparate una scaletta dell'articolo. Se avete tanto materiale, fonti e ricerche, elencate tutto su un foglio, posizionate i punti in ordine logico ed iniziate a scrivere.

8. Scrivete senza virgolette o note. Inserire nel testo le citazioni esatte e mensionare le fonti è un lavoro di ricerca che porta via parecchio tempo e distrae, prima di "lavorare di fino" è meglio scrivere la storia interamente e poi tornare a sistemare il resto.

9. Scrivete qualcos'altro. Scrivere la lista della spesa, una mail ad un amico o un articolo su un altro argomento potrebbe aiutarvi. Una volta che le dita iniziano a battere sulla tastiera sarà più facile tornare sul pezzo dove si era rimasti bloccati.

10. Rileggete i vostri articoli del passato. Oltre a farvi sentire meglio, rileggere i vostri lavori del passato potrebbe far scattare una nuova scintilla.

11. Scrittura libera. Se vi sentite disorganizzati iniziate a scrivere tutto quello che vi passa per la testa (sull'argomento), annotate i pensieri e poi, alla fine, ordinateli in un articolo.

12. Fate una mappa mentale. Prendere carta e penna e fate un disegno visivo delle idee che avete sull'argomento e come si relazionano le une alle altre. Vi ritrovere presto con la struttura dell'articolo che state scrivendo e per qualche altro articolo che potreste scrivere in futuro.

13. Impostate un timer. Impostate un timer per 25 minuti, lavorate fino alla scadenza e poi riposatevi per 5 minuti. Reimpostatelo poi per altri 25 minuti ed ogni 4 cicli prendetevi una pausa più lunga.

14. Fissate una scadenza. Il problema con gli scrittori freelance è che non c'è un capo o un responsabile con il fiato sul collo, quindi imponetevi da soli degli obiettivi e fate di tutto per rispettarli.

15. Riducete i rumori. Dato che il nostro cervello non è multi-task, spegnete la musica o la televisione e concetratevi solo sulla scrittura.

16. Spegnete Internet. Twitter, Facebook, controllare la posta, sono tutte distrazioni per la scrittura. Se non vi serve un collegamento sempre attivo per cercare informazioni, staccatelo per un momento, fino a quando non avrete finito di scrivere il pezzo.

17. Provate dei suggerimenti per la scrittura. Ci sono parecchi siti che offrono consigli.

18. Fate più ricerche. A volte non riusciamo a scrivere semplicemente perché non abbiamo abbastanza informazioni sull'argomento.

19. Cambiate posto. Spostatevi a lavorare in un'altra stanza, andate in un coffee shop (anche se in Italia non è una cosa molto diffusa, in Europa e negli USA gli Starbucks sono pieni di scrittori) o fatevi ospitare per mezza giornata da un amico o un parente. Magari così potrebbe tornarvi l'ispirazione (mi propongo spesso di farlo, c'è un internet cafè non troppo lontano da casa che potrei raggiungere camminando, ma per pigrizia o per mancanza di tempo le mie intenzioni restano tali).

20. Prendetevi una pausa. Mezz'ora di riposo fa sempre bene, fate una passeggiata, un bagno o

schiacciate un pisolino; lasciate il tempo al cervello di riprendersi e poi tornate a lavoro.

Appendice B. Obblighi Fiscali

C'è in giro una credenza errata sul fatto che al di sotto dei 5000€ di guadagno annuale non c'è bisogno di aprire una partita iva. Questa cosa non è propriamente vera.

Il limite dei 5000€ è infatti da intendersi per le prestazioni occasionali[43] aprire un blog e scrivere regolarmente articoli mostrando annunci pubblicitari non si può considerare una prestazione occasionale in quanto è di fatto un'occupazione continuativa. Quindi c'è la necessità di aprire una partita iva.

Un caso diverso potrebbe essere quello di aprire un blog senza pubblicità e offrire prestazioni occasionali di consulenza o di vendita link/articoli/spazi. Ma anche in questo caso si agirebbe al limite dell'interpretazione della legge.

Per mettersi in regola quindi è sempre indispensabile rivolgersi a un professionista del settore in quanto ogni caso è a sé stante, c'è differenza se si vuole monetizzare solo vendendo spazi pubblicitari piuttosto che offrendo

43 https://www.lavoro.gov.it/temi-e-priorita/rapporti-di-lavoro-e-relazioni-industriali/focus-on/Disciplina-rapporto-lavoro/Pagine/Prestazioni-occasionali.aspx

consulenze o ancora vendendo i propri prodotti artigianali o opere artistiche.

Esistono infatti molte soluzioni a seconda dei casi. Aprire una partita iva a regime agevolato o forfettario ha un costo irrisorio, ma a volte la soluzione migliore potrebbe essere quella di aprire una società.

Per questo il mio consiglio è sicuramente quello di parlare prima con un consulente fiscale.

Detto ciò, se proprio non volete occuparvi di come regolarizzare la vostra posizione fiscale nella fase iniziale, aprite il vostro blog senza inserire pubblicità e partite con il vostro progetto online, quando inizierete ad avere un discreto successo, e prima di iniziare a monetizzare, avrete tutto il tempo per adempiere agli obblighi di legge.

Ringraziamenti

Questa probabilmente è la pagina più difficile da scrivere.

Ringrazio mia moglie Sara e i miei figli Antonio e Sofia, è per loro che mi metto ogni giorno in gioco. È per loro che vale la pena continuare...

Ringrazio in modo particolare i miei clienti, perché senza di loro tutto questo non sarebbe possibile.

Ringrazio mia sorella Cecilia per la bellissima cover che ha creato appositamente per questo e per gli altri miei libri.

Ringrazio i miei amici (in ordine alfabetico) Basilio, Clemente, Gino e Luca che hanno sempre accettato di leggere in anteprima ogni mio libro.

Ringrazio soprattutto i miei lettori, anche quelli che hanno lasciato una recensione negativa.

Spero che i miei libri abbiano lasciato qualcosa di buono in ognuno di voi.

Linea Diretta con l'Autore

Puoi restare in contatto con l'autore scrivendo una mail a:

- info@fabioporrino.it

Attraverso i suoi profili social:

- www.linkedin.com/in/fabioporrino/

- twitter.com/fabioporrino

- www.instagram.com/fabioporrino/

Iscriviti alla newsletter:

www.fabioporrino.it/newsletter/